养老金 100 问系列丛书

职业年金 100 问

孙黎骏　主　编

中国劳动社会保障出版社

图书在版编目（CIP）数据

职业年金100问 / 孙黎骏主编 . -- 北京：中国劳动社会保障出版社，2024. --（养老金100问系列丛书）.

ISBN 978-7-5167-6728-3

Ⅰ. F842.629-44

中国国家版本馆CIP数据核字第2024KK2829号

中国劳动社会保障出版社出版发行

（北京市惠新东街1号　邮政编码：100029）

*

河北宝昌佳彩印刷有限公司印刷装订　　新华书店经销

880毫米×1230毫米　32开本　3.5印张　79千字

2024年11月第1版　　2024年11月第1次印刷

定价：25.00元

营销中心电话：400-606-6496

出版社网址：https://www.class.com.cn

编审委员会

主　任：刘东耀

副主任：俞文宏　王海峰　李连仁

委　员：（按姓氏笔画排序）

王德英　许　鑫　孙明霞　张再新　陈文宇
郑　科　姚　俊　姚余栋　夏　凡　高　莺
梁景瑞　蔡　华　谭广锋

本书编写人员

主　编：孙黎骏

编　者：（按姓氏笔画排序）

王严严　亢　翔　刘　旸　盛　晨

指导单位：深圳市投资基金同业公会

执行单位：深圳市投资基金同业公会养老金专业委员会

前 言

有备而老 老而有备

老有所养、老有所依、老有所安、老有所乐，这是千百年来我国老百姓最朴素的心愿。数据显示，截至 2023 年年底，我国 60 岁及以上人口达 2.97 亿人，占总人口比重达 21.1%。其中 65 岁及以上人口达 2.17 亿人，占总人口比重达 15.4%。这意味着我国已经进入深度老龄化社会。未来，随着我国老年人口规模日益增大、人口老龄化程度不断加深，如何积极应对人口老龄化问题，让所有老年人都拥有一个幸福美满的晚年，已经成为事关国家经济社会发展全局性、长期性和战略性，事关社会大众安全感、获得感和幸福感的重要议题。

党的十八大以来，我国养老规划顶层设计不断加强，多层次社会保障体系不断完善，以企业年金、职业年金为主体的养老保险第二支柱，以及以个人养老金为主体的养老保险第三支柱日益成为构建和丰富我国养老保险体系三大支柱的重要力量。在这样的背景下，深圳市投资基金同业公会依托养老金专业委员会，编写了这套“养老金 100 问系列丛书”。

这套“养老金 100 问系列丛书”包括三本，分别是《企业年金 100 问》《职业年金 100 问》《个人养老金 100 问》。每本书都整合了相应政策和实务要点，以问答的形式解答大家关心的养老问题。丛书框架的搭建、内容的设置、版面的设计都经过精心的筹划和安排，并以深入浅出、生动有趣的问答方式普及养老金相关知识，指导相关业务。

这套“养老金 100 问系列丛书”，既是宣传册，通过介绍养老金基本知识来提高公众对养老问题的认知和理解；又是工具书，通过分享养老金政策和实务要点，让公众更加准确地了解养老金投资和管理的特点。

我们期待丛书能够成为连接政策、市场与社会的桥梁，为推动我国养老保险体系的持续完善贡献力量。我们期待读者能够通过阅读对自身的养老问题有更深刻的认识，并在实际生活中作出更明智的养老规划。

在丛书的编写过程中，我们得到了政府部门、学术机构、行业协会以及众多专家学者的大力支持，收到很多宝贵意见。在此，我们向所有参与和支持本丛书编写的组织和个人表示最诚挚的感谢。

丛书百问，前瞻谋划“有备而老”；丛书百答，“老而有备”颐养天年。

深圳市投资基金同业公会

2024 年 6 月 30 日

第一部分 基础知识相关问题

第二部分　运营和账户管理相关问题

第三部分 资产管理和投资相关问题

第四部分　个人权益相关问题

第一部分

基础知识相关问题

第1问 什么是职业年金？

《机关事业单位职业年金办法》（国办发〔2015〕18号）第二条规定，职业年金是指机关事业单位及其工作人员在参加机关事业单位基本养老保险的基础上，建立的补充养老保险制度。

职业年金的起步经历了几个重要的时点：2015年1月，国务院印发《关于机关事业单位工作人员养老保险制度改革的决定》（国发〔2015〕2号），明确了机关事业单位工作人员实行社会统筹与个人账户相结合的基本养老保险制度，并指出机关事业单位在参加基本养老保险的基础上，应当为其工作人员建立职业年金。2015年3月，国务院办公厅印发《机关事业单位职业年金办法》，明确职业年金的缴费比例、管理方式、投资运营、领取条件等。2016年9月，人力资源社会保障部会同财政部发布《职业年金基金管理暂行办法》（人社部发〔2016〕92号），标志着职业年金基金运营管理正式启动。

第2问 建立职业年金的意义是什么？

首先，建立职业年金有利于完善多层次、多支柱养老保险体系。经过多年的改革发展，我国已建成世界上规模最大的社会保障体系，不断完善基本养老保险制度，着力发展多层次、多支柱养老保险体系。但不同类型的制度在保障机制、范围、程度和待遇水平等方面还存在着一定的差异，不利于社会养老保险体系的统一协调发展。建立职业年金，可以减少企业与机关事业单位在养老保险制度上的差异，对建立和完善协调统一的多层次、多支柱养老保险体系有着重要意义。

其次，职业年金对促进企业和机关事业单位的发展也十分重要。因改革的先后步骤安排，企业和机关事业单位实行完全不同的养老保险制度，两类人群之间的退休待遇无法实现转移衔接，客观上阻碍了人员的相互流动，不利于各类单位的人才发展，也不利于单位本身的发展。建立职业年金，可以促使机关事业单位养老保险制度和企业的养老保险制度逐步并轨，打破职工“身份壁垒”，促进企业和机关事业单位共同发展。

最后，职业年金对确保机关事业单位工作人员长期可靠的养老保障也具有重大意义。国家统计局发布数据显示，截至 2023 年年末，我国 60 岁及以上老年人已接近 2.97 亿人，老年人口比重达到 21.1%，我国的老龄化问题已经越来越严重。和世界上很多国家一样，过于依赖财政预算拨付的养老保险体系面临的压力将越来越大，政策的可持续性将面临挑战。职业年金以预先计提的个人账户积累制，通过持续缴费积累养老基金以及立足于稳健增长的投资运作，对于机关事业单位职工抵御系统性风险、确保获得长期可靠的退休待遇将起到重要作用。

作为养老保险重要支柱的职业年金，对我国社会经济发展及机关事业单位工作人员养老保障已经并将持续发挥重要作用。职业年金的制度模式、管理运营等各方面充分考虑了我国国情和机关事业单位的实际情况，同时借鉴参考了国外经验，确保了改革和相关制度实施的科学、合理、有效。

第3问　职业年金基金的组成结构是什么？

《机关事业单位职业年金办法》第五条规定，职业年金基金由下列各项组成：

（一）单位缴费；

（二）个人缴费；

（三）职业年金基金投资运营收益；

（四）国家规定的其他收入。

国家规定的其他收入主要是指根据政策可以划入职业年金基金的财政拨付资金。

第4问　哪些人可以参加职业年金？

《机关事业单位职业年金办法》第三条规定，职业年金制度适用的单位和工作人员范围与参加机关事业单位基本养老保险的范围一致，即参加机关事业单位基本养老保险的工作人员自动参加本单位的职业年金。

《关于机关事业单位工作人员养老保险制度改革的决定》规定，机关事业单位养老保险制度改革从2014年10月1日起实施。因此，2014年10月之后在职在编的机关事业单位工作人员都有职业年金。

第 5 问 职业年金与企业年金的区别是什么?

职业年金和企业年金同属于补充养老保险制度，均需单位和职工个人共同缴费，均采用个人账户积累制，其基金均实行市场化投资运营。

主要区别在于：职业年金主要适用于机关事业单位及其编制内工作人员，企业年金主要适用于参加企业职工基本养老保险的各类用人单位及其职工；职业年金基金采用省级集中委托投资运营的方式管理，统一程度较高，企业年金由用人单位和职工一方通过集体协商确定，而后制定企业年金方案，根据实际情况建立企业年金单一计划或者加入一个企业年金集合计划，具有一定的灵活性。

职业年金与企业年金的比较见表 1–1。

表 1–1　职业年金与企业年金的比较

比较要素	职业年金	企业年金
所属体系	养老保险第二支柱	养老保险第二支柱
资金来源	单位自有资金 / 财政资金 / 个人缴费	单位自有资金 / 个人缴费
定位	保障机关事业单位职工退休后的生活水平，是平稳有序推进改革的重要配套政策	是企业职工基本养老保险体系的重要补充
治理结构	委托人 – 代理人 – 受托人 – 各管理人	委托人 – 受托人 – 各管理人
管理机构	社会保险经办机构为代理人和账户管理人，受托人、投资管理人、托管人为具备资格的年金机构	受托人为法人受托机构或企业年金理事会，账户管理人、托管人和投资管理人为具备资格的年金机构

续表

比较要素	职业年金	企业年金
单位参保	强制性	自主性
个人参保	强制性	自主性
缴费基数	与企业职工基本养老保险一致，上下限为参保地上年度社会平均工资的300%和60%	企业自主决定年金计划
缴费比例	用人单位8% 个人4%	企业缴费不高于8% 企业与个人缴费合计不高于12%
个人账户	个人缴费：全部实账记录 用人单位缴费：财政全额供款单位采取记账方式，其他实账记录	全部实账记录
税收优惠政策	用人单位和个人缴费分别有税收优惠政策，领取时按规定纳税	企业和个人缴费分别有税收优惠政策，领取时按规定纳税
投资方式	实账部分进行投资	全部投资
投资（利息）分配	实账部分按投资收益分配 记账部分按统一公布的记账利率确定	按实际投资收益分配
转移衔接	可转到新就业单位的企业年金或职业年金	可转到新就业单位的企业年金或职业年金
归属比例	全部归属个人	由企业年金计划设定归属比例
待遇领取条件	退休、出国（境）定居、在职死亡	退休、出国（境）定居、在职死亡、完全丧失劳动能力
待遇领取方式	（1）分期领取 （2）一次性领取 （3）一次性购买商业养老保险产品	（1）分期领取 （2）一次性领取 （3）个人账户资金全部或者部分购买商业养老保险产品

续表

比较要素	职业年金	企业年金
待遇核定	（1）根据计发月数核定月待遇标准，账户资金领完为止 （2）按规定选择一次性购买商业养老保险产品的，依据保险合同领取待遇并享受相应的继承权	（1）个人可定义金额按月、分次领取或者一次性领取，账户资金领完为止 （2）按规定全部或者部分购买商业养老保险产品的，依据保险合同领取待遇并享受相应的继承权
退休死亡待遇	可继承个人账户余额	可继承个人账户余额

第 6 问　职业年金与基本养老保险的区别有哪些？

职业年金与基本养老保险主要有以下三点区别。

第一，定位不同。基本养老保险是养老保险第一支柱，具有强制参加、覆盖面广的特点，目的是以社会保险为手段来保障老年人的基本生活需求，为其提供稳定可靠的生活来源。职业年金是养老保险第二支柱，是针对机关事业单位及其工作人员建立的补充养老保险制度，目的是保障机关事业单位工作人员退休后的生活水平，促进人力资源合理流动。

第二，资金积累方式不同。基本养老保险采用个人账户与社会统筹相结合的管理方式，退休人员基本养老金一部分来自职工个人账户，一部分来自社会统筹基金。职业年金则采取个人账户完全积累的方式，为每个参加职业年金计划的职工建立职业年金个人账户，单位缴费、个人缴费及投资收益都进入职工个人账户，职工所领取的职业年金待遇都来自本人职业年金个人账户的积累额。

第三，基金投资运营模式不同。各省基本养老保险结余基金可委托国务院授权的全国社会保障基金理事会进行资产管理，职业年金基金由代理人委托具有受托资质的商业机构进行资产管理。

第7问　职业年金基金中都有哪些管理角色？

根据《职业年金基金管理暂行办法》第三条，职业年金基金的管理人包括代理人、受托人、托管人和投资管理人。

代理人是指代理委托人集中行使委托职责并负责职业年金基金账户管理业务的中央国家机关养老保险管理中心及省级社会保险经办机构。

受托人是指受托管理职业年金基金财产的法人受托机构。

托管人是指接受受托人委托保管职业年金基金财产的商业银行。

投资管理人是指接受受托人委托投资管理职业年金基金财产的专业机构。

第8问　职业年金代理人有哪些职责？代理人行为禁止的要求有哪些？

《职业年金基金管理暂行办法》第十三条规定，代理人应当履行下列职责：

（一）代理委托人与受托人签订职业年金计划受托管理合同。

（二）设立独立的职业年金基金归集账户，归集职业年金缴费，账实匹配一致后按照职业年金计划受托管理合同约定及时将职业年金基金归集账户资金划入职业年金基金受托财产托管账户，确保资金完整、安全和独立。

（三）负责对归集账户进行会计核算。

（四）负责职业年金基金账户管理，记录单位和个人缴费以及基金投资收益等账户财产变化情况。

（五）计算职业年金待遇，办理账户转移等相关事宜。

（六）定期向受托人提供职业年金基金账户管理相关信息，向机关事业单位披露职业年金管理信息，向受益人提供个人账户信息查询服务。

（七）定期向有关监管部门提交职业年金计划管理报告和职业年金基金账户管理报告，发生重大事件时及时向建立职业年金的机关事业单位和有关监管部门报告。

（八）监督职业年金计划管理情况，建立职业年金计划风险控制机制。

（九）按照国家规定保存职业年金基金委托管理、账户管理等业务活动记录、账册、报表和其他相关资料。

（十）国家规定和合同约定的其他职责。

《职业年金基金管理暂行办法》第十四条规定，代理人不得有下列行为：

（一）将职业年金基金财产混同于其他财产。

（二）侵占、挪用职业年金基金财产。

（三）利用所管理的职业年金基金财产为机关事业单位、受益人、代理人、受托人、托管人、投资管理人，以及归集账户开户银行和其他自然人、法人或者其他组织谋取不正当利益。

（四）国家规定和合同约定禁止的其他行为。

第 9 问 职业年金受托人有哪些职责？受托人行为禁止的要求有哪些？

《职业年金基金管理暂行办法》第十五条规定，受托人应当履行下列职责：

（一）选择、监督、更换职业年金计划托管人和投资管理人。

（二）与托管人和投资管理人签订职业年金计划委托管理合同。

（三）制定职业年金基金战略资产配置策略，提出大类资产投资比例和风险控制要求。

（四）基金财产到达受托财产托管账户25个工作日内划入投资资产托管账户。向投资管理人分配职业年金基金财产，也可根据职业年金计划受托管理合同约定将基金财产投资于一个或者多个养老金产品。

（五）及时与托管人核对受托财产托管账户的会计核算信息和职业年金基金资产净值等数据。

（六）根据代理人的通知，向托管人发出职业年金收账指令、待遇支付指令及其他相关信息。

（七）建立职业年金计划投资风险控制及定期考核评估制度，严格控制投资风险。

（八）接受代理人查询，定期向代理人提交基金资产净值等数据信息以及职业年金计划受托管理报告。

（九）定期向有关监管部门提交职业年金基金受托管理报告，发生重大事件时及时向代理人和有关监管部门报告。

（十）根据合同约定监督职业年金基金管理情况。

（十一）按照国家规定保存职业年金基金受托管理业务活动记录、账册、报表和其他相关资料。

（十二）国家规定和合同约定的其他职责。

《职业年金基金管理暂行办法》第十六条规定，受托人不得有下列行为：

（一）将职业年金基金财产混同于其固有财产或者他人财产。

（二）不公平对待职业年金基金财产与其管理的其他财产。

（三）不公平对待其管理的不同职业年金基金财产。

（四）不公平对待各投资管理人。

（五）侵占、挪用职业年金基金财产。

（六）利用所管理的职业年金基金财产为机关事业单位、受益人、代理人、受托人、托管人、投资管理人，或者其他自然人、法人以及其他组织谋取不正当利益。

（七）国家规定和合同约定禁止的其他行为。

第 10 问 职业年金托管人有哪些职责？托管人行为禁止的要求有哪些？

《职业年金基金管理暂行办法》第十七条规定，托管人应当履行下列职责：

（一）安全保管职业年金基金财产。

（二）以职业年金基金名义开设基金财产的资金账户和证券账户等。

（三）对所托管的不同职业年金基金财产分别设置账户，确保基金财产的完整和独立。

（四）根据受托人指令，向投资管理人划拨职业年金基金财产，或者将职业年金基金财产划拨给一个或者多个养老金产品。

（五）及时办理清算、交割事宜。

（六）负责职业年金计划和各投资组合的基金会计核算和估值，复核、审查和确认基金资产净值，并按期向受托人提交基金资产净值、基金估值等必要的信息。

（七）根据受托人指令，向受益人发放职业年金待遇。

（八）定期与受托人、投资管理人核对有关数据。

（九）按照规定监督投资管理人的投资运作，并定期向受托人报告投资监督情况。

（十）定期向受托人提交职业年金计划托管报告，定期向有关监管部门提交职业年金基金托管报告，发生重大事件时及时向受托人和有关监管部门报告。

（十一）按照国家规定保存职业年金基金托管业务活动记录、账册、报表和其他相关资料。

（十二）国家规定和合同约定的其他职责。

《职业年金基金管理暂行办法》第十八条规定，托管人发现投资管理人依据交易程序尚未成立的投资指令违反法律、行政法规、其他有关规定或者合同约定的，应当拒绝执行，立即通知投资管理人，并及时向受托人和有关监管部门报告。托管人发现投资管理人依据交易程序已经成立的投资指令违反法律、行政法规、其他有关规定或者合同约定的，应当立即通知投资管理人，并及时向受托人和有关监管部门报告。

《职业年金基金管理暂行办法》第十九条规定，托管人不得有下列行为：

（一）将托管的职业年金基金财产与其固有财产混合管理。

（二）将托管的职业年金基金财产与托管的其他财产混合管理。

（三）将托管的不同职业年金计划、不同职业年金投资组合的职业年金基金财产混合管理。

（四）侵占、挪用托管的职业年金基金财产。

（五）利用所管理的职业年金基金财产为机关事业单位、受益人、代理人、受托人、托管人、投资管理人，或者其他自然人、法人以及其他组织谋取不正当利益。

（六）国家规定和合同约定禁止的其他行为。

第 11 问 职业年金投资管理人有哪些职责？投资管理人行为禁止的要求有哪些？

《职业年金基金管理暂行办法》第二十条规定，投资管理人应当履行下列职责：

（一）对职业年金基金财产进行投资。

（二）及时与托管人核对投资管理的职业年金基金会计核算和估值数据。

（三）建立职业年金基金投资管理风险准备金。

（四）建立投资组合风险控制及定期评估制度，严格控制组合投资风险。

（五）定期向受托人提交职业年金计划投资组合管理报告，定期向有关监管部门提交职业年金基金投资管理报告，发生重大事件时及时向受托人和有关监管部门报告。

（六）按照国家规定保存职业年金基金投资管理业务活动记录、账册、报表和其他相关资料。

（七）国家规定和合同约定的其他职责。

《职业年金基金管理暂行办法》第二十二条规定，投资管理人不得有下列行为：

（一）将职业年金基金财产混同于其固有财产或者他人财产。

（二）不公平对待职业年金基金财产与其管理的其他财产。

（三）不公平对待其管理的不同职业年金基金财产。

（四）侵占、挪用职业年金基金财产。

（五）承诺、变相承诺保本或者保证收益。

（六）利用所管理的职业年金基金财产为机关事业单位、受益人、代理人、受托人、托管人、投资管理人，或者其他自然人、法人以及其他组织谋取不正当利益。

（七）国家规定和合同约定禁止的其他行为。

第12问　各管理人发生哪些情形，应向监管部门和受托人报告？

《职业年金基金管理暂行办法》第四十三条规定，受托人、托管人和投资管理人发生下列情形之一的，应当及时向代理人和有关监管部门报告；托管人和投资管理人应当同时抄报受托人。

（一）减资、合并、分立、依法解散、被依法撤销、决定申请破产或者被申请破产的。

（二）涉及重大诉讼或者仲裁的。

（三）董事长、总经理或直接负责职业年金业务的高级管理人员发生变动的。

（四）国家规定的其他情形。

第13问　在什么情况下，职业年金基金管理人职责会终止？

《职业年金基金管理暂行办法》第二十三条规定，有下列情形之一的，受托人、托管人或者投资管理人职责终止：

（一）严重违反职业年金计划受托或委托管理合同。

（二）利用职业年金基金财产为其谋取不正当利益，或者为他人谋取不正当利益。

（三）依法解散、被依法撤销、被依法宣告破产或者被依法接管。

（四）被依法取消企业年金基金管理资格。

（五）代理人有证据认为更换受托人符合受益人利益，并经评选委员会批准。

（六）受托人有证据认为更换托管人或者投资管理人符合受

益人利益。

（七）有关监管部门有充分理由和依据认为更换受托人、托管人或者投资管理人符合受益人利益。

（八）国家规定和合同约定的其他情形。

受托人职责终止的，评选委员会应当及时选定新的受托人；托管人或者投资管理人职责终止的，受托人应当及时选定新的托管人或者投资管理人。原受托人、托管人、投资管理人应当妥善保管职业年金基金相关资料，并在受托人、托管人或者投资管理人变更生效之日起 35 个工作日内办理完毕业务移交手续，新受托人、托管人、投资管理人应当及时接收并履行相应职责。

第 14 问 职业年金基金采取的是集中管理方式吗？

《职业年金基金管理暂行办法》第四条规定，职业年金基金采取集中委托投资运营的方式管理。其中，中央在京国家机关及所属事业单位职业年金基金由中央国家机关养老保险管理中心集中行使委托职责，各地机关事业单位职业年金基金由省级社会保险经办机构集中行使委托职责。

第 15 问 职业年金计划的建立流程是什么？

根据《职业年金基金管理暂行办法》第五条、第六条，职业年金计划建立须遵循以下流程：成立中央及省级职业年金基金管理机构评选委员会，负责通过招标形式选择、更换受托人。职业年金计划的代理人代理委托人与受托人签订职业年金计划受托管理合同，受托人与托管人、投资管理人分别签订职业年金计划委托管理合同。职业年金计划受托和委托管理合同由受托人报人力资源社会保障部或者省、自治区、直辖市人力资源社会保障行政部门备案。人力资源社会保障行政部门于收到符合规定的备案材料之日起15个工作日内，出具职业年金计划确认函，给予职业年金计划登记号。

第16问 职业年金计划中的管理人可以有多个吗？管理人的选择如何进行？

代理人可以建立一个或多个职业年金计划，一个职业年金计划应当只有一个受托人、一个托管人，可以根据资产规模大小选择适量的投资管理人。

中央及省级经办机构应当按照有关规定委托法人受托机构作为职业年金计划受托人，负责受托管理职业年金基金财产。受托人应当委托投资运营机构作为投资管理人，负责职业年金基金的投资运营；应当委托商业银行作为托管人，负责托管职业年金基金财产。职业年金基金受托、托管和投资管理机构在具有相应企业年金基金管理资格的机构中选择。

第17问 一个职业年金计划可以有多个投资管理人，是否投资管理人数量越多越好？

职业年金计划投资管理人数量的设置应结合职业年金基金规模以及管理需要决定，需综合考量分散风险、适度竞争、风格均衡等多方面因素，而非越多越好。

首先，单个投资组合的规模应有必要的下限。如果投资管理人过多，则每个投资管理人分配到的资金量可能十分有限，由于银行间市场债券投资、A股新股申购等投资品种设有规模门槛，投资管理人的投资方向与投资标的就会因此受到一定制约。

其次，市场风格存在周期性变化，为了实现计划收益率的稳健运行，对于投资管理人的选择，应考虑不同投资经理风格的均衡。

此外，达到一定资产规模的投资组合更容易引起投资管理人的重视，管理的灵活度也更大，有利于提升职业年金计划的投资效果。

第 18 问 同一职业年金计划中，受托人、托管人、投资管理人能否相互兼任？如何规避风险？

《职业年金基金管理暂行办法》第七条规定，同一职业年金计划中，受托人与托管人、托管人与投资管理人不得为同一机构；受托人与托管人、托管人与投资管理人、投资管理人与其他投资管理人的高级管理人员和职业年金从业人员，不得相互兼任。

受托人兼任投资管理人时，应当建立风险控制制度，确保业务管理之间的独立性；设立独立的受托业务和投资业务部门，办公区域、运营管理流程和业务制度应当严格分离；直接负责的高级管理人员、受托业务和投资业务部门的从业人员不得相互兼任。同一职业年金计划中，受托人对待各投资管理人应当执行统一的标准和流程，体现公开、公平、公正原则。

第 19 问 对职业年金基金各管理人，是否有资格准入和条件要求？

《职业年金基金管理暂行办法》第三条规定，职业年金基金受托、托管和投资管理机构在具有相应企业年金基金管理资格的机构中选择。

根据《国务院对确需保留的行政审批项目设定行政许可的决定》（中华人民共和国国务院令第412号，2016年8月25日第二次修订）、《企业年金基金管理办法》（人力资源社会保障部令第11号，2015年4月30日修订）、《企业年金基金管理机构资格认定暂行办法》（劳动保障部令第24号，2015年4月30日修订）等相关规定，我国对企业年金基金管理机构分受托管理、托管、账户管理和投资管理资格实行市场准入，企业年金基金管理机构的资格证书有效期为三年，有效期满时由人力资源社会保障部组织专家进行资格延续评审。

第20问　职业年金基金各管理人如何收费？从哪里收费？

《职业年金基金管理暂行办法》第三十四条规定，受托人年度提取的管理费不高于受托管理职业年金基金资产净值的0.2%；托管人年度提取的管理费不高于托管职业年金基金资产净值的0.2%；投资管理人年度提取的管理费综合考虑投资收益等情况确定，不高于投资管理职业年金基金资产净值的1.2%。根据职业年金基金管理情况，有关监管部门适时对管理费进行调整。实际收取的管理费标准一般由代理人与受托人、托管人和投资管理人协商确定，从职业年金基金财产中列支。

第21问　职业年金基金归集采用什么模式？

《职业年金基金管理暂行办法》第十二条规定，机关事业单位职业年金缴费按期划入管理其基本养老保险的社会保险经办机构按有关规定设立的职业年金基金归集账户，省以下社会保险经办机构职业年金基金归集账户资金及时归集至省级社会保险经办机构职业年金基金归集账户，确保资金完整、安全和独立。

职业年金基金归集账户设立和管理办法由《职业年金基金归集账户管理暂行办法》（人社厅发〔2017〕110 号）专门规定。

第 22 问 什么是职业年金统一计划？

职业年金统一计划是指在多计划统一计算收益率的情况下，在代理人系统里建立的多计划之上的、用于记录个人账户明细信息的虚拟计划。

第 23 问 职业年金基金的“统一收益率”指的是什么？

《职业年金基金管理暂行办法》第四条规定，代理人可以建立一个或多个职业年金计划，按计划估值和计算收益率，建立多个职业年金计划的，也可以实行统一收益率。即多个职业年金计划可以实行多计划统一估值，汇总核算多个年金计划的资产与收益，实现统筹区域内统一计划的收益率完全统一。

“统一收益率”就是每个省、自治区、直辖市内参加统一计划的参保人享受同样的收益率，即统筹区域内的统一计划的收益一致。实践中，建立了多个职业年金计划的省、自治区、直辖市，职业年金基金由多个受托人和托管人，若干个投资管理人共同管理，每月将统一计划下的多个职业年金计划加总的收益率作为省级统一计划的收益率，对本省、自治区、直辖市内所有参加该统一计划的个人账户进行收益分配。

第二部分
运营和账户管理相关问题

第24问 职业年金账户管理采用何种方式？

《机关事业单位职业年金办法》第六条规定，职业年金基金采用个人账户方式管理。个人缴费实行实账积累。对财政全额供款的单位，单位缴费根据单位提供的信息采取记账方式，每年按照国家统一公布的记账利率计算利息，工作人员退休前，本人职业年金账户的累计储存额由同级财政拨付资金记实；对非财政全额供款的单位，单位缴费实行实账积累。实账积累形成的职业年金基金，实行市场化投资运营，按实际收益计息。

第25问 什么是职业年金记账？

《机关事业单位职业年金办法》第六条规定，职业年金基金采用个人账户方式管理。个人缴费实行实账积累。对财政全额供款的单位，单位缴费根据单位提供的信息采取记账方式，每年按照国家统一公布的记账利率计算利息。

因此，从缴费记账方式来看，职业年金与企业年金不同，企业年金的单位缴费和个人缴费均以实账方式记入个人账户，但在职业年金中，对财政全额供款单位的单位缴费部分可采取记账方式。

设置记账缴费方式，初衷是缓解改革初期的财政缴费负担，确保改革平稳落地实施。从各地实践来看，部分省份已先后实现了职业年金记账部分的记实。

第 26 问 职业年金记账部分的投资收益如何确定？

《统一和规范职工养老保险个人账户记账利率办法》（人社部发〔2017〕31 号）规定：

统一机关事业单位和企业职工基本养老保险个人账户记账利率，每年由国家统一公布。记账利率应主要考虑职工工资增长和基金平衡状况等因素研究确定，并通过合理的系数进行调整。记账利率不得低于银行定期存款利率。

职业年金个人账户记账利率根据实账积累部分的投资收益率确定，建立一个或多个职业年金计划的省（区、市），职业年金的月记账利率为实际投资收益率或根据多个职业年金计划实际投资收益率经加权平均后的收益率。

第 27 问 在哪些情形下，应当进行职业年金计划审计？职业年金计划审计如何收费？

《职业年金基金管理暂行办法》第三十八条规定，发生下列情形之一的，代理人与受托人应当共同聘请具有证券期货相关业务资格的会计师事务所对职业年金计划进行审计。审计费用可从职业年金基金财产中列支。

（一）职业年金计划连续运作满三个会计年度。

（二）职业年金计划受托人、托管人或者投资管理人职责终止。

（三）国家规定的其他情形。

代理人、受托人、托管人、投资管理人应当配合会计师事务所对职业年金计划进行审计。受托人应当自上述情况发生之日起的 50 个工作日内向有关监管部门提交审计报告。

第28问　职业年金计划终止时，如何进行职业年金基金财产的清算？

《职业年金基金管理暂行办法》第三十七条规定，职业年金计划终止时，代理人与受托人应当共同组织清算组对职业年金基金财产进行清算。清算组由代理人、受托人、托管人、投资管理人以及由代理人与受托人共同聘请的会计师事务所、律师事务所等组成。清算组应当自计划终止后 3 个月内完成清算工作，并向有关监管部门提交经会计师事务所审计以及律师事务所出具法律意见书的清算报告。代理人与受托人、托管人、投资管理人应当继续履行管理职责至职业年金计划财产移交完成。人力资源社会保障行政部门在接到清算报告后，应当注销该职业年金计划。

第29问　职业年金基金财产清算如何收费？

《职业年金基金管理暂行办法》第三十七条规定，清算费用可从职业年金基金财产中列支。

第 30 问 职业年金计划代理人的信息披露有时效的要求吗？

《职业年金基金管理暂行办法》第三十九条规定：

代理人应当在年度结束后 45 个工作日内，向机关事业单位披露职业年金管理信息，向受益人提供职业年金个人账户权益信息。

代理人应当在季度结束后 35 个工作日内、年度结束后 45 个工作日内，向本级监管部门提交职业年金计划管理报告。

代理人应当在季度结束后 15 个工作日内、年度结束后 25 个工作日内，向有关监管部门提交职业年金基金账户管理报告。

第 31 问 什么是职业年金基金归集账户？

《职业年金基金归集账户管理暂行办法》第二条规定，职业年金基金归集财产托管账户（简称归集账户）是指归集账户托管银行（简称托管银行）受社会保险经办机构（简称社保经办机构）委托，以职业年金基金归集财产名义开立的、专门用于归集和划转职业年金基金财产的专用存款账户。归集账户应单独开设，不得与社会保险基金收入户、支出户、财政专户、税务机关征收社会保险费账户和各级社保经办机构单位账户等其他任何账户共用。

归集账户财产属于职业年金基金财产，独立于机关事业单位、各级社保经办机构和托管银行的固有财产及其管理的其他财产。机关事业单位、各级社保经办机构和托管银行，因机构调整、依法解散、被依法撤销或者被依法宣告破产等原因进行终止清算的，归集账户财产不属于其清算财产。若有关部门对归集账户进行冻结或扣划，托管银行有义务出示证据证明归集账户财产及其账户性质，各级社保经办机构应予以协助，保全归集账户财产安全。

第32问 职业年金基金归集账户的主要用途有哪些？

《职业年金基金归集账户管理暂行办法》第三条规定，归集账户的主要用途有：暂存单位和个人缴费收入、转移收入、利息收入以及其他收入，划转归集账户财产。

单位和个人缴费收入是指机关事业单位和个人依据有关规定分别缴纳的职业年金缴费。

转移收入是指参保对象跨统筹地区和跨不同养老保险制度流动而划入的职业年金基金收入。

利息收入是指职业年金基金在归集账户中取得的银行存款利息。

其他收入是指以上收入之外的归集账户收入。

划转归集账户财产是指省级以下归集账户向省级归集账户划转，中央及省级归集账户向职业年金基金受托财产托管账户划转，以及出现短溢缴等情况的资金划转。

除归集账户银行存款外，任何地区、部门、单位和个人不得动用归集账户财产进行任何形式的直接或间接投资。

第33问 职业年金基金归集账户的利息收入如何处理？

《职业年金基金归集账户管理暂行办法》第十二条规定，归集账户利息收入作为职业年金基金财产投资收益，每季度结息后划转。中央及省级归集账户利息，直接划入职业年金基金受托财产托管账户。省级以下归集账户利息，先划入省级归集账户，再划入职业年金基金受托财产托管账户。

第三部分

资产管理和投资相关问题

第34问 职业年金基金投资管理的基本原则是什么？

《职业年金基金管理暂行办法》第二十四条规定，职业年金基金投资管理应当遵循谨慎、分散风险的原则，充分考虑职业年金基金财产的安全性、收益性和流动性，实行专业化管理。

第35问 职业年金基金财产的安全性、独立性如何保障？

《职业年金基金管理暂行办法》第八条规定，职业年金基金财产独立于机关事业单位、各级社保经办机构、受托人、托管人、投资管理人和其他为职业年金基金管理提供服务的自然人、法人或者其他组织的固有财产及其管理的其他财产。

职业年金基金财产的管理、运用或者其他情形取得的财产和收益，应当归入基金财产。

第36问 职业年金基金的投资范围包括哪些？

根据《企业年金基金管理办法》、《人力资源社会保障部关于调整年金基金投资范围的通知》（人社部发〔2020〕95号）、《人力资源社会保障部办公厅关于印发调整年金基金投资范围有关问题政策释义的通知》（人社厅发〔2020〕112号）等文件，职业年金基金的投资范围主要有如下规定：

职业年金基金财产限于境内投资和香港市场投资。

境内投资范围包括银行存款、标准化债权类资产、债券回购、信托产品、债权投资计划、公开募集证券投资基金、股票、股指期货、国债期货和养老金产品。

香港市场投资指年金基金通过股票型养老金产品或公开募集证券投资基金，投资内地与香港股票市场交易互联互通机制下允许买卖的香港联合交易所上市股票（简称港股通标的股票）。

第37问 职业年金基金的投资比例有何规定？

根据《企业年金基金管理办法》《人力资源社会保障部关于调整年金基金投资范围的通知》《人力资源社会保障部办公厅关于印发调整年金基金投资范围有关问题政策释义的通知》等文件，年金基金财产以投资组合为单位，按照公允价值计算应当符合下列规定：

1. 投资一年期以内（含一年）的银行存款、中央银行票据，同业存单，剩余期限在一年期以内（含一年）的国债，剩余期限在一年期以内（含一年）的政策性、开发性银行债券，债券回购，货币市场基金，货币型养老金产品等流动性资产的比例，合计不得低于投资组合委托投资资产净值的5%。清算备付金、证券清算款以及一级市场证券申购资金视为流动性资产。

明确无待遇支付安排的职业年金计划和职业年金投资组合，其流动性资产比例可以不受5%流动性限制。

2. 投资一年期以上的银行存款，标准化债权类资产，信托产品，债权投资计划，债券基金，固定收益型养老金产品，混合型养老金产品等固定收益类资产的比例，合计不得高于投资组合委托投资资产净值的135%。债券正回购的资金余额在每个交易日均不得高于投资组合委托投资资产净值的40%。已计入流动性资产的不再重复计入固定收益类资产。

明确无待遇支付安排的职业年金计划和职业年金投资组合，投资固定收益类资产的比例，合计不得高于该职业年金计划基金资产净值或职业年金投资组合委托投资资产净值的140%。

3. 投资股票、股票基金、混合基金、股票型养老金产品（含股票专项型养老金产品）等权益类资产的比例，合计不得高于投资组合委托投资资产净值的40%。其中，投资港股通标的产品的比例，不得高于投资组合委托投资资产净值的20%；投资单只股票专项型养老金产品的比例，不得高于投资组合委托投资资产净值的10%。

年金基金不得直接投资于权证，但因投资股票、分离交易可转换债等投资品种而衍生获得的权证，应当在权证上市交易之日起10个交易日内卖出。

4. 投资信托产品、债权投资计划，以及信托产品型、债权投资计划型养老金产品的比例，合计不得高于投资组合委托投资资产净值的30%。其中，投资信托产品以及信托产品型养老金产品的比例，合计不得高于投资组合委托投资资产净值的10%。

5. 专门投资组合可以不受第1条中5%流动性限制。投资信托产品、债权投资计划或信托产品型、债权投资计划型养老金产品的专门投资组合，可以不受第 4 条中 30% 和 10% 规定的限制。

年金基金投资应当按照穿透式管理要求，明确约定投资的底层资产符合年金基金投资范围，不得多层嵌套。其中，货币市场基金、债券基金、混合基金、股票基金可不受本限制。

第 38 问 什么是专门投资组合？专门投资组合的投资比例有何规定？

《人力资源社会保障部关于调整年金基金投资范围的通知》规定，专门投资组合是指将 80% 以上非现金资产投资于银行存款、信托产品、债权投资计划或者存款型、信托产品型、债权投资计划型养老金产品中的一类产品而专门设立的投资组合。专门投资组合可以不受最低 5% 流动性限制。投资信托产品、债权投资计划或信托产品型、债权投资计划型养老金产品的专门投资组合，可以不受最高 30% 和 10% 的规定限制。

此外，《人力资源社会保障部办公厅关于印发调整年金基金投资范围有关问题政策释义的通知》明确：专门投资组合属于固定收益类组合，不得投资于股票、股票基金、混合基金、股指期货及股票型（含股票专项型）养老金产品等权益类产品。

第 39 问 职业年金基金可投资的各类金融资产应当符合哪些条件？

《企业年金基金管理办法》《人力资源社会保障部关于调整年金基金投资范围的通知》《人力资源社会保障部办公厅关于印发调整年金基金投资范围有关问题政策释义的通知》等文件规定，职业年金基金可投资的各类金融资产应当符合以下条件。

（一）银行存款

银行存款的发行主体不包括农村信用合作社（含联社）、农村资金互助社、财务公司等其他银行业存款类金融机构。

（二）股票

股票包括A股（含创业板、科创板）、港股通标的股票和优先股。人力资源社会保障部将根据市场变化情况对年金基金开展其他股票投资实施监管指导。

1. 港股通标的股票

目前仅限于年金基金通过股票型养老金产品或公开募集证券投资基金（不含QDII基金）投资港股通标的股票。其中年金基金投资港股通标的股票的股票型养老金产品应当符合下列规定：

（1）投资港股通标的股票的股票型养老金产品名称中应含有“港股”字样，且应有80%以上的权益类资产投资于港股通标的股票。

（2）发行含有“港股”字样养老金产品的投资管理人应当配备不少于2名具有5年以上投资管理经验且具有2年以上香港股票市场投资管理相关经验的人员，其中至少应包括1名投资经理。

2. 优先股

（1）证券投资组合及混合型、股票型（含股票专项型）养老金产品可投资优先股。

（2）优先股发行主体信用等级不低于国内信用评级机构评定的AAA级，且优先股信用等级不低于国内信用评级机构评定的AA+级。

（3）优先股发行主体公司章程或优先股募集说明书中应当包含明确的分红条款。

（三）标准化债权类资产

年金基金可投资的标准化债权类资产指依法发行的固定收益证券，包括国债，中央银行票据，同业存单，政策性、开发性银行债券，以及信用等级在投资级以上的金融债、企业债、公司债、可转换债、可交换债、（超）短期融资券、中期票据、非公开定向债务融资工具、信贷资产支持证券、资产支持票据、证券交易所挂牌交易的资产支持证券。上述资产发行方式包括公开发行和非公开发行。

（四）同业存单

年金基金可投资的同业存单的发行主体信用等级应不低于国内信用评级机构评定的 AAA 级。

（五）永续债

1. 永续债及发行主体的信用等级不低于国内信用评级机构评定的 AA+ 级。其中，非公开募集的永续债可无债项评级，但其发行主体的信用等级需具有国内信用评级机构评定的 AAA 级。

2. 有明确约定的利率和付息频率，有利率跳升条款。其中，商业银行发行的永续债可无利率跳升条款，但发行主体的信用等级需具有国内信用评级机构评定的 AAA 级。

（六）资产支持证券、资产支持票据

1. 在银行间债券市场或者证券交易所市场挂牌交易。

2. 限于产品评级为国内信用评级机构评定的 AAA 级资产支持证券、资产支持票据的优先级份额。

3. 投资资产支持证券、资产支持票据的基础资产应符合法律法规规定，权属明确，可依法转让，能够独立产生持续稳定、可预测现金流的金融资产或符合上述条件的非金融资产，包括贷款债权、融资租赁债权、既有保理融资债权以及具有真实贸易背

景、债权人已履行所有合同义务的应收账款债权等。

（七）信托产品

1. 限于集合资金信托计划和为年金基金设计、发行的单一资金信托。

2. 基础资产限于非标准化债权类资产。

3. 投资相关合同应当包含固定频率的信托利益分配表述及明确的“受益权转让”条款。

4. 信用等级不低于国内信用评级机构评定的 AA+ 级或者相当于 AA+ 级的信用级别。但符合下列条件之一的，可以豁免外部信用评级。

（1）偿债主体上个会计年度末经审计的净资产不低于 150 亿元人民币，或最近三年连续盈利且年营业收入不低于 200 亿元人民币。

（2）提供无条件不可撤销连带责任保证担保的担保人，担保人上个会计年度末经审计的净资产不低于 150 亿元人民币，或最近三年连续盈利且年营业收入不低于 200 亿元人民币。

5. 安排投资项目担保机制，但符合上述第 4 条第 1 项规定且在风险可控的前提下可以豁免信用增级安排。

6. 发行信托产品的信托公司应当具有完善的公司治理、良好的市场信誉和稳定的投资业绩，上个会计年度末经审计的净资产不低于 100 亿元人民币；近一年公司及高级管理人员未发生重大违法违规行为。

（八）债权投资计划

1. 履行完毕相关监管机构规定的所有合法程序。

2. 投资合同应当包含明确的“受益权转让”条款。

3. 信用等级不低于国内信用评级机构评定的 A 级或者相当于 A 级的信用级别。

4. 投资品种限于银保监会[①]认可的信用增级为保证担保方式和免于信用增级的情况。

5. 发行债权投资计划的公司应当具有完善的公司治理、良好的市场信誉和稳定的投资业绩，上个会计年度末经审计的净资产不低于 2 亿元人民币。

第 40 问 什么是养老金产品？参与养老金产品投资有什么好处？

《人力资源社会保险部　银监会　证监会　保监会关于企业年金养老金产品有关问题的通知》（人社部发〔2013〕24 号）和《人力资源社会保障部办公厅关于加强养老金产品管理有关问题的通知》（人社厅发〔2019〕85 号）等相关文件规定，养老金产品是指由年金基金投资管理人发行的、面向企业（职业）年金基金定向销售的年金基金标准投资组合。

投资管理人可以面向企业年金基金、职业年金基金，以及其他经人力资源社会保障部认可的合格投资者定向销售养老金产品。同一养老金产品可以面向不同合格投资者销售。

企业年金计划、职业年金计划投资组合的投资管理人，可以将投资组合的委托投资资产投资于养老金产品。

职业年金参与养老金产品投资，有多个方面的好处，包括但不限于：有利于投资管理人整合资源，提高投资效率；中小规模的年金计划通过配置养老金产品，可以获取更好的投资机会，优化组合配置；通过配置优质养老金产品，还可以对投资管理人及

① 全称为中国银行保险监督管理委员会。2023 年 3 月，中共中央、国务院印发《党和国家机构改革方案》，决定在中国银行保险监督管理委员会基础上组建国家金融监督管理总局，不再保留中国银行保险监督管理委员会。为方便理解，此处仍采用“银保监会”名称。

投资经理的投资风格进行适当补充，有利于取得更好、更稳健的投资收益。

第41问　养老金产品如何收费？投资管理人投资养老金产品是否应当收取费用？

《人力资源社会保障部　银监会　证监会　保监会关于企业年金养老金产品有关问题的通知》规定，养老金产品投资管理费按照固定费率收取，不收取业绩报酬，不提取风险准备金。

养老金产品的投资管理费、托管费和其他相关费用，包括证券交易费用、资金划拨费用以及证券账户、资金账户等的开户及变更费用等，从养老金产品资产中扣除。养老金产品投资管理人、托管人应当综合考虑养老金性质、份额持有人利益和市场发展等因素，合理确定管理费收取标准。

投资管理人投资养老金产品不再重复收取投资管理费。

第42问　单个投资组合的投资集中度有何规定？

《人力资源社会保障部关于调整年金基金投资范围的通知》规定，单个投资组合的年金基金财产，按照公允价值计算应当符合下列规定：

投资一家企业所发行的股票，单期发行的同一品种标准化债权类资产，单只证券投资基金，分别不得超过上述证券发行量、该基金份额（基金产品份额数以最近一次公告或者发行人正式说明为准）的5%，也分别不得超过该投资组合委托投资资产净值的10%。其中，投资资产支持证券或资产支持票据的比例不得超过该只证券发行量的10%。

投资单期信托产品、债权投资计划，分别不得超过该期信托产品、债权投资计划资产管理规模的 20%。投资信托产品、债权投资计划的专门投资组合，可以不受此规定的限制。

第 43 问 单个职业年金计划的基金资产投资比例有何规定?

《人力资源社会保障部办公厅关于印发调整年金基金投资范围有关问题政策释义的通知》明确单个年金计划基金资产投资比例如下。

投资一年期以内（含一年）的银行存款、中央银行票据，同业存单，剩余期限在一年期以内（含一年）的国债，剩余期限在一年期以内（含一年）的政策性、开发性银行债券，债券回购，货币市场基金，货币型养老金产品等流动性资产的比例，合计不得低于年金计划委托投资资产净值的 5%。清算备付金、证券清算款以及一级市场证券申购资金视为流动性资产。

投资一年期以上的银行存款，标准化债权类资产，信托产品，债权投资计划，债券基金，固定收益型养老金产品，混合型养老金产品等固定收益类资产的比例，合计不得高于年金计划委托投资资产净值的 135%。债券正回购的资金余额在每个交易日均不得高于年金计划委托投资资产净值的 40%。已计入流动性资产的不再重复计入固定收益类资产。

投资股票、股票基金、混合基金、股票型养老金产品（含股票专项型养老金产品）等权益类资产的比例，合计不得高于年金计划委托投资资产净值的 40%。其中，投资港股通标的产品的比例，不得高于年金计划委托投资资产净值的 20%；投资单只股票专项型养老金产品的比例，不得高于年金计划委托投资资产净值的 10%。

投资信托产品、债权投资计划，以及信托产品型、债权投资计划型养老金产品的比例，合计不得高于年金计划委托投资资产净值的30%。其中，投资信托产品以及信托产品型养老金产品的比例，合计不得高于年金计划委托投资资产净值的10%。

第44问　如果出现投资的产品或者比例不符合规定的情况，该怎么办？

因证券市场波动、上市公司合并、投资组合或产品规模变动等投资管理人之外的因素致使年金基金投资不符合投资比例要求的，投资管理人应当在可上市交易之日起10个交易日内调整完毕。

因信用等级下降等因素致使年金基金所投金融产品不再符合投资条件的，投资管理人应当在评级报告等信息发布之日起30个交易日内调整完毕。法律法规或监管部门另有规定的，从其规定。

第45问　投资管理人管理的职业年金基金财产投资自己管理的金融产品有何限制？

《职业年金基金管理暂行办法》第二十九条规定，投资管理人管理的职业年金基金财产投资于自己管理的金融产品须经受托人同意。

第46问　职业年金基金禁止用于哪些方面？

《职业年金基金管理暂行办法》第三十二条规定，职业年金基金不得用于向他人贷款和提供担保。投资管理人不得从事使职业年金基金财产承担无限责任的投资。

第 47 问 什么是职业年金基金风险准备金？

《职业年金基金管理暂行办法》第三十五条规定，投资管理人从当期收取的管理费中提取 20% 作为职业年金基金投资管理风险准备金，专项用于弥补合同到期时所管理投资组合的职业年金基金当期委托投资资产的投资亏损。

第 48 问 什么情况下可以使用风险准备金？

当合同到期时，如所管理投资组合的职业年金基金资产净值低于当期委托投资资产，投资管理人应当用风险准备金弥补该时点的当期委托投资资产亏损，直至该投资组合风险准备金弥补完毕；如所管理投资组合的职业年金基金当期委托投资资产没有发生投资亏损或者风险准备金弥补后有剩余，风险准备金划归投资管理人所有。

第 49 问 风险准备金提取额度是否有限制？

《职业年金基金管理暂行办法》第三十五条规定，风险准备金余额达到投资管理人所管理投资组合基金资产净值的 10% 时可以不再提取。

第 50 问 风险准备金由谁来管理？

《职业年金基金管理暂行办法》第三十五条规定，职业年金基金投资管理风险准备金应当存放于投资管理人在托管人处开立的专用存款账户。托管人不得对风险准备金账户收取费用。风险准备金由投资管理人进行管理，可以投资于银行存款、国债等高流动性、低风险金融产品。风险准备金产生的投资收益，归入风险准备金。

第51问 职业年金基金是如何开展资产配置的？

根据《职业年金基金管理暂行办法》相关规定，受托人负责制定职业年金基金战略资产配置策略，提出大类资产投资比例和风险控制要求。

职业年金资产配置应坚守四个原则：高度安全性、合理收益性、长期持续性、适度流动性。

从中长期维度上，职业年金基金受托人综合考虑受益人的风险偏好和流动性管理要求，结合对宏观经济与资本市场的长期展望，在研究分析各类资产风险收益特征基础上，运用资产配置模型进行预期收益模拟和压力测试，提出战略资产配置策略。

每一年度，职业年金基金受托人根据当年初市场预期和代理人需求，形成年度资产配置方案。当年内，受托人定期对资产配置方案进行回顾，如遇重大市场波动、影响风险收益特征的金融市场制度性变化，受托人及时评估并适时调整年度资产配置方案，及时优化职业年金计划资产配置结构。

此外，在资产配置方案的执行过程中，受托人会关注年度及合同期的绝对收益底线并控制绝对收益底线目标，采取建立风险收益预算模型、安全垫管理机制和下跌预警管控体系等多种管理措施，保障职业年金基金的安全性。

第52问 职业年金基金投资是否应一味追求高风险高收益？

职业年金作为职工退休养老金的一部分，希望能获得较高的投资收益是人之常情，无可厚非。但是年金基金也有一定的特殊性，除收益外，还需要结合安全性进行综合考量。

年金基金投资的收益和风险是并存的，为了取得高收益，往往也需要承担较高的安全风险，而安全风险主要体现在两个方面：一是资产的安全，即所投资产因各种原因出现无法按期或足额偿还本息的情况，导致年金资产发生损失；二是收益率的安全，即因股票市场下跌等原因导致投资业绩产生较大波动，出现阶段性甚至全年负收益，职工职业年金账户余额尤其是退休分期领取职工的领取金额减少，引起群体性的不满甚至投诉。

因此，一味地追求高收益并不完全符合年金基金财产安全性的特征要求。

第 53 问 职业年金计划投资业绩不佳，是否需要立即调整投资政策？

不一定需要。职业年金选择市场化投资方式，希望通过长期投资，助力年金的保值增值。考虑到资本市场的不确定性，投资管理人在管理过程中对于可能会出现的短期收益率波动，不一定需要立即调整投资政策。

首先，作为以安全性为首要原则的养老金资产，职业年金计划在制定投资政策时可通过设置风险预算、预警线与止损线等投资要求，建立事前的安全垫管理机制，如果计划投资业绩下跌幅度在前期规定的风险预算范围内，则应继续执行原定投资政策。

其次，依据监管规定，职业年金计划允许最高 40% 比例投资于波动性较大的权益类资产，因此计划投资业绩在短期内很容易随股票市场走势发生一定程度的起伏。受托人在计划管理过程中，可通过对金融市场变化情况和计划持仓交易特征的专业分析，判断计划投资业绩不佳的核心原因，再进一步决定是否需要调整投资政策。

此外，在职业年金计划投资运作过程中，受托人可定期对中长期资产配置方案进行回顾与检视，综合评估宏观经济形势、市场预期变化、业绩目标达成情况等内外部因素，从而判断是否需要对本计划投资政策进行调整。

第54问　怎样合理选择职业年金计划下的投资管理人？

为更好地满足职业年金计划资产配置需求，优化计划投资组合设置，提升职业年金基金投资收益，需综合考量投资管理人综合实力、投资经理个人能力、风格搭配等多方面因素，合理选择投资管理人。

（一）投资管理人综合实力

在评估各投资管理人的年金投资管理能力时，受托人可从公司基本情况、收益特征、资产配置能力、固定收益投资能力、权益投资能力、风险管理能力等不同维度出发，结合基于市场公开数据、受托人内部数据的定量分析，以及尽职调查、服务沟通记录的定性分析，定期形成对全市场投资管理人的综合实力评价。

（二）投资经理个人能力

职业年金组合投资经理的能力分析应从基本情况、收益特征、配置能力、权益（固收）投资能力、风险管理等多个方面入手，通过了解投资经理的投资理念、成长路径，评估其历史绩效与风格，结合访谈、策略沟通等工作，形成投资经理画像，辨识其能力圈，从而为合理优选投资经理提供支持。

（三）风格的搭配

职业年金安全性和收益性的平衡非常重要，各投资管理人在不同大类资产领域具备不同的特点，例如，有的擅长股票投资，有的擅长成本估值类资产，有的擅长债券投资等，根据各投资管理人的优势进行组合搭配，分类管理，取长补短，可以有效兼顾整个计划的收益性和安全性，提升收益，减少波动。

第 55 问 投资组合业绩不佳就立刻更换投资管理人的做法，是否可取？

不可取。

第一，短期或暂时的投资业绩波动或者不佳是不可避免的，能够持续保持高投资业绩的投资管理人是极少的，即使是这些投资管理人，也有短期或暂时投资业绩波动较大或不佳的情况。

第二，需要对投资组合业绩不佳的原因进行深入分析评估，对症下药，而不是盲目地更换投资管理人。如果评估后发现的确是投资管理人的整体投资能力有问题，则应该尽快更换投资管理人。

第三，更换投资管理人会有一定的成本，这个成本既包括变更投资管理人过程中的资产变现和移交成本，也包括变更后新的投资管理人能否取得较好业绩的机会成本。

第四，投资管理人的考核维度不仅包含投资业绩指标，也需要同时包含风险指标以及管理规模并依据受托人确定的考核频率进行考核。根据考核结果，受托人实施策略追踪、诫勉谈话、资产份额调整、管理资格调整等后续受托履职手段。

第 56 问 对职业年金基金投资业绩的考核既追求绝对收益，又追求相对排名的做法，是否合理？

职业年金基金投资业绩目标的设定，是对预期收益目标、风险偏好、约束条件等因素的综合考量。既追求绝对收益，又追求相对排名，就要求投资管理人在市场好的时候要实现更好的业绩，市场不好的时候要控制风险，达到业绩基准，实现绝对收益目标。

这种做法，从委托人的角度来看，有其合理性。但是从投资管理人的角度来看，是一种比较难以实现的做法，因为在追求绝对收益和相对排名两种不同的目标下，投资管理人的操作策略、手段和手法是有很大差异的。根据企业年金的实践经验看，很难同时做到每个年度的投资业绩既超业绩基准实现绝对收益，又超过市场平均水平取得较好相对排名。因此从优化管理的角度，是确保短期相对收益，还是追求长期收益最大化，二者最好能择其一，避免顾此失彼的情况。

第57问　设定高业绩基准，是否一定可以带来高投资收益？

不一定。

业绩基准是收益目标的一种展现形式。高业绩基准通常意味着高收益目标，而高收益则代表着高风险。如果业绩基准过于激进，会造成受托人和投资管理人冒险增加权益仓位，加大整个年金计划的风险，增加收益的波动性。如果权益市场好，有可能获得较高收益；如果权益市场表现不佳，则可能出现投资亏损，不利于保障职业年金基金投资的安全。

第58问　因不想承担太多投资风险，对年金计划不做权益投资，这种想法合理吗？

不同的委托人和受益人有不同的风险偏好，职业年金基金投资应在保证风险可控的前提下，积极寻找机会，获得合理稳健的投资收益，实现年金资产合理的保值增值，保障委托人和受益人利益最大化。

股票投资作为职业年金基金重要的投资品种，对实现职业年金基金更好的保值增值具有积极的作用。从以往企业年金的实践经验来看，参与权益投资的企业年金计划，其年均投资收益率比不投资权益资产的年金计划有一定的优势，当然其收益的波动性和出现年度负收益的可能性也相对较高。因此，职业年金基金参与权益投资，从长期来看是可以提升职业年金基金投资收益的，相应地也需要承担一定的收益波动甚至年度负收益的风险。

所以，是否参与权益投资以及参与多少比例的权益投资，要根据计划和参保人员的具体情况和风险承受能力来确定，对于临近退休和已经退休开始分期领取职业年金的人员，有条件的话可以设立主要投资于固定收益类资产的稳健计划，实施分类管理。

第59问 职业年金是否可以承诺保本或者保底收益？

不可以。

《机关事业单位职业年金办法》明确了年金基金的信托管理体制。社保经办机构作为委托人，将年金基金财产委托给受托人管理运作，是一种信托行为，这确立了职业年金基金是独立信托财产的地位。而《信托公司管理办法》（中国银行业监督管理委员会令 2007 年第 2 号）和《信托投资公司资金信托管理暂行办法》（中国人民银行令〔2002〕第 7 号）规定，受托人不得承诺信托财产不受损失或者保证最低收益。

《职业年金基金管理暂行办法》第二十二条规定，投资管理人不得承诺、变相承诺保本或者保证收益。

第四部分

个人权益相关问题

第60问 什么是职业年金个人账户？个人账户余额由什么组成？

职业年金个人账户是指社保经办机构为每个参保人员建立的一个专属账户，用于记录单位和个人缴费、投资收益、记账利息等职业年金权益。

职业年金个人账户余额包含职业年金单位缴费、个人缴费、投资运营收益、转入的企业年金、划转缴费、转入缴费等。

第61问 如何查询自己的职业年金？

参保人员可至参保地社保经办机构或其门户网站、微信公众号、App服务平台查询个人账户情况。

参保地已开通网上查询服务的，参保人员可登录人力资源社会保障部门户网站（http://www.mohrss.gov.cn/），在页面右下角选择并进入“国家社保平台”，注册登录后可在线查询本人部分年度的职业年金个人权益记录。

第 62 问 参保人员如何缴费？

个人缴纳职业年金费用参照基本养老保险缴费方式，即按照国家规定的缴费基数和缴费比例，每个月从个人工资账户中扣除。

第 63 问 职业年金的缴费水平是多少？

《机关事业单位职业年金办法》第四条规定，职业年金所需费用由单位和工作人员个人共同承担。单位缴纳职业年金费用的比例为本单位工资总额的 8%，个人缴费比例为本人缴费工资的 4%，由单位代扣。单位和个人缴费基数与机关事业单位工作人员基本养老保险缴费基数一致。

第 64 问 职业年金缴费比例是否可以根据单位和个人实际情况进行调整？

不可以。

职业年金缴费比例由国家政策规定，根据经济社会发展状况，国家适时调整单位和个人职业年金缴费的比例。

第 65 问 是否可以放弃职业年金缴费？

不可以。

国务院印发的《关于机关事业单位工作人员养老保险制度改革的决定》规定，机关事业单位在参加基本养老保险的基础上，应当为其工作人员建立职业年金。因此，与企业年金可以由参保人员自愿选择是否参加不同，职业年金参保人员不可以放弃职业年金缴费。

第 66 问　如果没有按时缴纳职业年金费用会有什么影响？

根据《机关事业单位职业年金办法》，实账积累形成的职业年金基金，实行市场化投资运营，按实际收益计息。如果没有按时缴纳职业年金费用，未缴费期间将无法取得投资收益，从而影响职业年金个人账户的积累。

第 67 问　什么是补记缴费？

根据《人力资源社会保障部　财政部关于机关事业单位基本养老保险关系和职业年金转移接续有关问题的通知》（人社部规〔2017〕1 号）相关规定，参保人员办理了正式调动或辞职、辞退手续离开机关事业单位的，根据改革前本人在机关事业单位工作的年限长短补记职业年金，以实账方式划转至本人职业年金个人账户，所需资金由其原所在单位按现行经费保障渠道解决。

参保人员从企业再次流动到机关事业单位的，本人退休时，按照机关事业单位养老保险办法计发待遇，同时补记职业年金的本金及投资收益划转到待遇领取地机关事业单位基本养老保险统筹基金。若参保人员在退休前从机关事业单位又流动到企业的，不再重复补记职业年金，原补记的职业年金转移和管理运营按照国办发〔2015〕18 号文件规定执行。

第 68 问　补记职业年金标准如何计算？

根据《人力资源社会保障部　财政部关于机关事业单位基本

养老保险关系和职业年金转移接续有关问题的通知》相关规定，补记职业年金标准的计算公式为：

$$\text{补记职业年金标准} = G \times 12 \times S \times 12\% \times \prod_{n=2014}^{N}(1+M_n)$$

G：2014 年 9 月参保人员月工资收入中包含的个人缴费工资基数项目。

S：改革前参保人员在机关事业单位工作的年限。即从参保人员参加机关事业单位工作开始计算，一直到 2014 年 9 月，精确到月。

M_n：2014 年 10 月至参保人员离开机关事业单位时历年的职业年金个人账户记账利率。

举例：张某，1970 年 1 月出生，1990 年 9 月起在某机关单位任公务员，2014 年 9 月当月全额工资为 5 000 元，2019 年 9 月辞职经商。职业年金个人账户记账利率为 5%，其职业年金补记金额为：补记金额 =5 000 × 12 × 24 × 12% ×（1+5%）×（1+5%）×（1+5%）×（1+5%）×（1+5%）=220 541.45（元）。

第 69 问　什么是划转缴费？

划转缴费是参加本地机关事业单位养老保险试点的个人缴费本息划转的资金。根据有关政策规定，参加机关事业单位养老保险制度改革试点的，改革前个人缴费本息，划转至改革后的本人职业年金个人账户。

划转缴费在职业年金个人账户中予以管理，参保人员符合职业年金领取条件的，可按规定领取。

第 70 问　职业年金的领取条件是什么？

《机关事业单位职业年金办法》第九条规定，符合下列条件之一的可以领取职业年金：

工作人员在达到国家规定的退休条件并依法办理退休手续后，由本人选择按月领取职业年金待遇的方式。可一次性用于购买商业养老保险产品，依据保险契约领取待遇并享受相应的继承权；可选择按照本人退休时对应的计发月数计发职业年金月待遇标准，发完为止，同时职业年金个人账户余额享有继承权。本人选择任一领取方式后不再更改。

出国（境）定居人员的职业年金个人账户资金，可根据本人要求一次性支付给本人。

工作人员在职期间死亡的，其职业年金个人账户余额可以继承。

未达到上述职业年金领取条件之一的，不得从个人账户中提前提取资金。

第71问 职业年金的退休待遇支付水平如何计算？

根据《机关事业单位职业年金办法》，工作人员在达到国家规定的退休条件并依法办理退休手续后，由本人选择按月领取职业年金待遇的方式。可选择按照本人退休时对应的计发月数计发职业年金月待遇标准，发完为止，同时职业年金个人账户余额享有继承权。按月领取的职业年金待遇，应以核定待遇时的上一期估值为基础计算，计发月数与基本养老保险相同。

$$\text{职业年金月待遇标准} = \frac{\text{退休当月个人账户余额}}{\text{计发月数}}$$

第72问 如何申领职业年金？

根据有关规定，参保人员符合职业年金领取条件的，用人单位向管理其基本养老保险的经办机构提交待遇支付申请资料。职业年金待遇申请与其基本养老保险待遇申请一并受理。

参保人员退休前已离开机关事业单位，按照有关规定其职业年金个人账户由原经办机构继续管理运营的，可直接向原经办机构提交职业年金待遇支付申请资料。

第 73 问 如果参保人员存在多个职业年金关系，应如何领取待遇？

《机关事业单位基本养老保险关系和职业年金转移接续经办规程（暂行）》（人社厅发〔2017〕7 号）第二十条规定，参保人员达到待遇领取条件时，存在建立多个职业年金关系的，应由待遇领取地社保经办机构通知其他建立职业年金关系的社保经办机构，按照规程第十四条规定将职业年金关系归集至待遇领取地社保经办机构。

第 74 问 退休后职业年金待遇何时开始发放？是和养老金一起发吗？

职业年金基金和基本养老保险基金分别管理。基本养老保险待遇由参保地社保经办机构发放；职业年金待遇由省级社保经办机构根据参保地社保经办机构报送的支付计划统一组织发放。

对于已经参加机关事业单位养老保险的退休人员，符合待遇领取条件的，从单位为其办理申领养老保险待遇手续的次月起发放基本养老金，职业年金原则上与基本养老金同步发放。实务中，各省份职业年金待遇发放到账时间可能与基本养老金待遇发放到账时间不同步。

第75问 职业年金待遇能发多久呢？职业年金实发月数等于计发月数吗？

根据《机关事业单位职业年金办法》有关规定，参保人员可选择按照本人退休时对应的计发月数计发职业年金月待遇标准，发完为止。即职业年金待遇会发到职业年金个人账户余额为零的时候，因此，职业年金实发月数不等于计发月数。

第76问 按月领取的职业年金待遇会每年增加吗？

参保人员选择按照计发月数按月领取职业年金的，每月待遇均按职业年金月待遇标准领取，直至个人账户余额发完。因此，职业年金待遇是一个固定的金额，并不会调整增加。

第77问 职业年金可以一次性领取吗？

在满足一定条件时，职业年金可以一次性领取。一次性领取的情况包括出国（境）定居、死亡。此外，参保人员达到退休年龄时，划转缴费（参加机关事业单位养老保险试点的个人缴费本息划转的资金）累计储存额一次性支付给本人。

第78问 参保人员退休时可以一次性领取职业年金待遇吗？

参保人员在退休时不可以一次性领取职业年金待遇。工作人员在达到国家规定的退休条件并依法办理退休手续后，由本人选择按月领取职业年金待遇的方式。可一次性用于购买商业养老保险产品，依据保险契约领取待遇并享受相应的继承权；可选择按照本人退休时对应的计发月数计发职业年金月待遇标准，发完为止，同时职业年金个人账户余额享有继承权。本人选择任一领取方式后不再更改。

第 79 问 职业年金一次性购买商业养老保险产品后如何领取待遇？

参保人员按规定选择一次性购买商业养老保险产品的，依据保险契约领取待遇并享有相应的继承权。

目前，由于职业年金转换商业养老保险产品相关政策细则尚未出台，实务中暂无法选择一次性购买商业养老保险产品。

第 80 问 什么是“中人”？什么是过渡期？

“中人”是指 2014 年 10 月 1 日前（简称改革前）参加工作、改革后退休的参保人员。对于“中人”，全国实行统一的过渡办法，设立 10 年过渡期，即从 2014 年 10 月 1 日到 2024 年 9 月 30 日，以确保改革前后待遇平稳衔接。

第 81 问 过渡期的计发办法是什么？

根据相关规定，过渡期内的退休人员待遇实行新老办法对比，保低限高。即新办法（含职业年金待遇）计发待遇低于老办法待遇标准的，按老办法待遇标准发放，保持待遇不降低；新办法计发待遇高于老办法待遇标准的，在老办法计算的待遇基础上增加规定比例的超出部分，即：第一年退休的人员（2014 年 10 月 1 日至 2015 年 12 月 31 日）发放超出部分的 10%，第二年退休的人员（2016 年 1 月 1 日至 2016 年 12 月 31 日）发放 20%，依此类推，到过渡期末年退休的人员（2024 年 1 月 1 日至 2024

年 9 月 30 日）发放超出部分的 100%。过渡期结束后退休的人员则按新办法执行计发待遇。过渡期内退休的人员在计发待遇后，过渡期结束后不再重新计算待遇。

举例：某机关事业单位参保工作人员退休时，按照老办法计算的待遇为 3 900 元，按照新办法计算的待遇为 3 800 元，则当年退休的待遇按老办法计发，即 3 900 元。如果按照新办法计算的待遇为 4 200 元，假定在 2015 年退休，新办法高于老办法的部分为 300 元，按照政策增加超出部分的 10%，即退休待遇为：3 900+300×10%=3 930（元）；假定在 2016 年退休，则高出部分按 20% 计发，即退休待遇为：3 900+300×20%=3 960（元）。依此类推，2024 年退休的人员，新办法高于老办法的部分按 100% 计发，则退休待遇为 3 900+300×100%=4 200（元）。

第 82 问　过渡期结束后，新办法待遇由哪几个部分组成？

新办法待遇计发标准由基本养老金和职业年金组成，其中，2014 年 10 月 1 日后参加工作、个人缴费年限累计满 15 年的参保人员（“新人”），其基本养老金由基础养老金和个人账户养老金两部分组成；2014 年 10 月 1 日前参加工作、2014 年 10 月 1 日后退休且缴费年限（含视同缴费年限）累计满 15 年的参保人员（“中人”），其基本养老金由基础养老金、个人账户养老金和过渡性养老金三部分组成。

第 83 问　过渡期结束后，是否就不存在过渡性养老金？

过渡性养老金是为保障在机关事业单位养老保险制度改革前参加工作的人员退休待遇而进行的制度设计。对于改革前参加工作、改革后退休且缴费年限（含视同缴费年限）累计满 15 年的参保人员（“中人”），按照合理衔接、平稳过渡的原则，在发给基础养老金和个人账户养老金的基础上，再依据视同缴费年限长短发给过渡性养老金。这也就是说，过渡性养老金和“过渡期”是没有关系的。

第 84 问 什么是养老保险关系和职业年金的转移接续？

《机关事业单位职业年金办法》第八条规定，工作人员变动工作单位时，职业年金个人账户资金可以随同转移。工作人员升学、参军、失业期间或新就业单位没有实行职业年金或企业年金制度的，其职业年金个人账户由原管理机构继续管理运营。新就业单位已建立职业年金或企业年金制度的，原职业年金个人账户资金随同转移。

根据《机关事业单位基本养老保险关系和职业年金转移接续经办规程（暂行）》相关规定，参保人员在机关事业单位之间、机关事业单位与企业之间流动就业时，其基本养老保险关系和职业年金、企业年金调转的业务经办，即养老保险关系和职业年金的转移接续。

第 85 问 参保人员出现何种情况时，需办理职业年金的转移接续？

《机关事业单位基本养老保险关系和职业年金转移接续经办规程（暂行）》第十条规定，参保人员出现以下情形之一的，参保单位或参保人员在申报基本养老保险关系转移接续时，应当一并申报职业年金（企业年金）转移接续：

（一）从机关事业单位流动到本省（自治区、直辖市）内的机关事业单位。

（二）从机关事业单位流动到本省（自治区、直辖市）外的机关事业单位。

（三）从机关事业单位流动到已建立企业年金的新参保单位。

（四）从已建立企业年金的参保单位流动到机关事业单位。

第86问　职业年金转移接续时，哪些基金项目需要转移？

《机关事业单位基本养老保险关系和职业年金转移接续经办规程（暂行）》第十一条规定，社保经办机构在办理职业年金转移接续时，需转移以下基金项目：

（一）缴费形成的职业年金。

（二）参加本地机关事业单位养老保险试点的个人缴费本息划转的资金。

（三）补记的职业年金。

（四）原转入的企业年金。

以上项目应在职业年金个人账户管理中予以区分，分别管理并计算收益。

第87问　职业年金转移接续时，记账部分如何处理？

《机关事业单位基本养老保险关系和职业年金转移接续经办规程（暂行）》第十三条规定，参保人员在相应的同级财政全额供款的单位之间流动的，职业年金个人账户中记账金额无须记实，继续由转入单位采取记账方式管理。

除此之外，职业年金个人账户中记账部分需在转移接续前记实。参保人员需要记实本人职业年金记账部分时，转出地社保经办机构应根据参保单位申请资料，向其出具《记实 / 补记通知》，记实资金到账并核对一致后，记入参保人员的职业年金个人账户。

第 88 问 参保人员在机关事业单位间跨省流动的，如何办理职业年金转移接续？

《机关事业单位基本养老保险关系和职业年金转移接续经办规程（暂行）》第十四条规定，参保人员从机关事业单位流动到本省（自治区、直辖市）以外机关事业单位的，按以下流程办理职业年金转移接续。

（一）出具参保缴费凭证。参保人员转移接续前，参保单位或参保人员到基本养老保险关系所在地（简称转出地）社保经办机构申请开具《养老保险参保缴费凭证》（简称《参保缴费凭证》）。转出地社保经办机构核对相关信息后，出具《参保缴费凭证》，并告知转移接续条件。

（二）发年金联系函。新参保单位向转入地社保经办机构申请职业年金转入，转入地社保经办机构受理并审核相关资料，符合转移接续条件的，在受理之日起 15 个工作日内向转出地社保经办机构发出《职业年金（企业年金）关系转移接续联系函》（简称《年金联系函》）；对不符合转移接续条件的，应一次性告知需补充的相关材料。

（三）转出年金信息表、基金。转出地社保经办机构在收到《年金联系函》后，在确认补记年金、记实资金足额到账之日起 45 个工作日内完成以下手续：

1. 办理职业年金个人账户的记实、补记和个人账户资产的赎回等业务；

2. 核对有关信息并生成《职业年金（企业年金）关系转移接续信息表》（简称《年金信息表》）；

3. 向转入地社保经办机构发送《年金信息表》，同时将转移资金划转至转入地社保经办机构职业年金归集账户；

4. 终止参保人员在本地的职业年金关系。

（四）职业年金关系转入。转入地社保经办机构在收到《年金信息表》和确认转移基金账实相符后，15 个工作日内办结以下接续手续：

1. 核对《年金信息表》及转移基金，进行资金到账处理；

2. 将转移金额按项目分别记入参保人员的职业年金个人账户；

3. 根据《年金信息表》及参保单位或参保人员提供的材料，补充完善相关信息；

4. 将办结情况通知新参保单位或参保人员。

第 89 问　从职业年金转到企业年金，应如何办理手续？

《机关事业单位基本养老保险关系和职业年金转移接续经办规程（暂行）》第十五条规定，参保人员从机关事业单位流动到已建立企业年金制度的企业，原参保单位或参保人员申请办理职业年金转移接续。参保人员存在职业年金补记、职业年金个人账户记实等情形的，转出地社保经办机构完成上述业务后，45 个工作日内办结以下转出手续：

（一）受理并审核企业年金管理机构出具的《年金联系函》；

（二）转出地社保经办机构核对相关信息后生成《年金信息表》，将赎回的职业年金个人账户资金划转至新参保单位的企业年金受托财产托管账户；

（三）将《年金信息表》通过新参保单位或参保人员反馈至企业年金管理机构；

（四）终止参保人员的职业年金关系。

第 90 问 从企业年金转到职业年金，应如何办理手续？

《机关事业单位基本养老保险关系和职业年金转移接续经办规程（暂行）》第十六条规定，参保人员从已建立企业年金制度的企业流动到机关事业单位的，转入地社保经办机构按以下流程办理转入手续：

（一）受理参保单位或参保人员提出的转移接续申请，15 个工作日内向其出具《年金联系函》；

（二）审核企业年金管理机构提供的参保人员参加企业年金的证明材料；

（三）接收转入资金，账实匹配后按规定记入职业年金个人账户。

第 91 问 哪些情况下参保人员的职业年金账户转为保留账户？

《机关事业单位基本养老保险关系和职业年金转移接续经办规程（暂行）》第十七条规定，存在下列情形之一的，参保人员的职业年金基金不转移，原参保地社保经办机构在业务系统中标识保留账户，继续管理运营其职业年金个人账户：

（一）参保人员升学、参军、失业期间的。

（二）参保人员的新就业单位没有实行职业年金或企业年金制度的。

社保经办机构在参保单位办理上述人员相关业务时，应告知参保单位按规定申请资金补记职业年金或记实职业年金记账部分，在记实或补记资金账实相符后，将记实或补记金额记入参保人员的职业年金个人账户。

参保人员退休时，负责管理运营职业年金保留账户的社保经办机构依本人申请按照国办发〔2015〕18 号文件规定计发职业年金待遇。同时，将原参加本地试点的个人缴费本息划转资金的累计储存额一次性支付给本人。

第92问 从职业年金转到企业年金后，又转回职业年金的情况应遵循何种方式处理？

《机关事业单位基本养老保险关系和职业年金转移接续经办规程（暂行）》第十八条规定，参保人员从企业再次流动到机关事业单位的，转入地社保经办机构按以下方式办理：

（一）未参加企业年金制度的企业转出，转入的机关事业单位和原机关事业单位在同一省（自治区、直辖市）内的，转入地机关事业单位社保经办机构将参保人员保留账户恢复为正常缴费账户，按规定继续管理运营。

（二）未参加企业年金制度的企业转出，转入的机关事业单位和原机关事业单位不在同一省（自治区、直辖市）内的，参保人员的职业年金保留账户按照制度内跨省转移接续流程办理。

（三）建立企业年金制度的企业转出，按照从企业流动到机关事业单位的企业年金转移接续流程办理。

参保人员再次从企业流动到机关事业单位的，在机关事业单位养老保险制度内退休时，待遇领取地社保经办机构将补记职业年金本金及投资收益划转到机关事业单位基本养老保险统筹基金。

第93问 从企业年金转到职业年金后，又转回企业年金的情况应遵循何种方式处理？

《机关事业单位基本养老保险关系和职业年金转移接续经办

规程（暂行）》第十九条规定，参保人员再次从机关事业单位流动到企业的，不再重复补记职业年金。办理手续同从职业年金转到企业年金的转出手续。

第 94 问 职业年金单位缴费部分和个人缴费部分是否要纳税？

《财政部　人力资源社会保障部　国家税务总局关于企业年金职业年金个人所得税有关问题的通知》（财税〔2013〕103 号）规定：

（一）企业和事业单位（统称单位）根据国家有关政策规定的办法和标准，为在本单位任职或者受雇的全体职工缴付的企业年金或职业年金（统称年金）单位缴费部分，在计入个人账户时，个人暂不缴纳个人所得税。

（二）个人根据国家有关政策规定缴付的年金个人缴费部分，在不超过本人缴费工资计税基数的 4% 标准内的部分，暂从个人当期的应纳税所得额中扣除。

（三）超过上述（一）和（二）规定的标准缴付的年金单位缴费和个人缴费部分，应并入个人当期的工资、薪金所得，依法计征个人所得税。税款由建立年金的单位代扣代缴，并向主管税务机关申报解缴。

第 95 问 职业年金基金投资取得的收益是否要纳税？

《财政部　人力资源社会保障部　国家税务总局关于企业年金职业年金个人所得税有关问题的通知》规定，年金基金投资运营收益分配计入个人账户时，个人暂不缴纳个人所得税。

第96问　领取职业年金时，是否要纳税？

《财政部　税务总局关于个人所得税法修改后有关优惠政策衔接问题的通知》(财税〔2018〕164号）规定，个人达到国家规定的退休年龄，领取的企业年金、职业年金，符合《财政部　人力资源社会保障部　国家税务总局关于企业年金职业年金个人所得税有关问题的通知》规定的，不并入综合所得，全额单独计算应纳税款。其中按月领取的，适用月度税率表计算纳税；按季领取的，平均分摊计入各月，按每月领取额适用月度税率表计算纳税；按年领取的，适用综合所得税率表计算纳税。

个人因出境定居而一次性领取的年金个人账户资金，或个人死亡后，其指定的受益人或法定继承人一次性领取的年金个人账户余额，适用综合所得税率表计算纳税。对个人除上述特殊原因外一次性领取年金个人账户资金或余额的，适用月度税率表计算纳税。

第97问　领取职业年金时，缴纳个人所得税如何操作？

《财政部　人力资源社会保障部　国家税务总局关于企业年金职业年金个人所得税有关问题的通知》规定，个人领取年金时，其应纳税款由受托人代表委托人委托托管人代扣代缴。年金账户管理人应及时向托管人提供个人年金缴费及对应的个人所得税纳税明细。托管人根据受托人指令及账户管理人提供的资料，按照规定计算扣缴个人当期领取年金待遇的应纳税款，并向托管人所在地主管税务机关申报解缴。

第 98 问 哪些人享受军人职业年金补助?

《人力资源社会保障部　财政部　总参谋部　总政治部　总后勤部关于军人职业年金转移接续有关问题的通知》(后财〔2015〕1727 号)规定，自 2014 年 10 月 1 日起，军人退出现役参加基本养老保险的，国家给予军人职业年金补助。军人服现役期间单位和个人应当缴纳的职业年金费用由中央财政承担，所需经费由总后勤部列年度军费预算安排。

根据现行军人退役安置政策和国家基本养老保险覆盖范围，军人退役养老保险两项补助（含军人退役基本养老保险补助和军人职业年金补助）适用人员范围主要包括 2014 年 10 月 1 日以后下达退役命令的计划分配军队转业干部、军队复员干部，以及由人民政府安排工作的退役士兵和自主就业的退役士兵 4 类人员。

第 99 问 军人职业年金补助是怎么计算的?

《人力资源社会保障部　财政部　总参谋部　总政治部　总后勤部关于军人职业年金转移接续有关问题的通知》规定，军人职业年金补助由军人所在单位财务部门在军人退出现役时一次算清记实。军人职业年金补助的计算办法为：军官、文职干部和士官，按通知施行后服现役期间各年度月缴费工资 12% 的总和计算；义务兵和供给制学员，按本人退出现役时当年下士月缴费工资起点标准的 12% 乘以本通知施行后服现役月数计算。其中，8% 作为单位缴费，4% 作为个人缴费。根据国家相关政策，军队适时调整军人职业年金单位和个人缴费的比例。

第100问 军人职业年金补助的月缴费工资如何确定?

《人力资源社会保障部 财政部 总参谋部 总政治部 总后勤部关于军人职业年金转移接续有关问题的通知》规定，军人职业年金补助的月缴费工资，军官、文职干部和士官为本人月工资数额乘以养老保险缴费工资调整系数；义务兵和供给制学员为本人退出现役时当年下士月工资起点标准乘以养老保险缴费工资调整系数。养老保险缴费工资调整系数确定为1.136。

计算军人职业年金补助的月工资项目包括：基本工资、军人职业津贴、工作性津贴、生活性补贴、艰苦边远地区津贴、驻西藏部队特殊津贴、高山海岛津贴、地区附加津贴和奖励工资。

附件一　国务院办公厅关于印发机关事业单位职业年金办法的通知

国务院办公厅关于印发机关事业单位职业年金办法的通知

国办发〔2015〕18号

各省、自治区、直辖市人民政府，国务院各部委、各直属机构：

《机关事业单位职业年金办法》已经国务院同意，现印发给你们，请认真贯彻执行。

国务院办公厅

2015年3月27日

机关事业单位职业年金办法

第一条　为建立多层次养老保险体系，保障机关事业单位工作人员退休后的生活水平，促进人力资源合理流动，根据《国务院关于机关事业单位工作人员养老保险制度改革的决定》（国发〔2015〕2号）等相关规定，制定本办法。

第二条　本办法所称职业年金，是指机关事业单位及其工作人员在参加机关事业单位基本养老保险的基础上，建立的补充养老保险制度。

第三条　本办法适用的单位和工作人员范围与参加机关事业单位基本养老保险的范围一致。

第四条　职业年金所需费用由单位和工作人员个人共同承担。单位缴纳职业年金费用的比例为本单位工资总额的8%，个人缴费比例为本人缴费工资的4%，由单位代扣。单位和个人缴费基数与机关事业单位工作人员基本养老保险缴费基数一致。

根据经济社会发展状况，国家适时调整单位和个人职业年金缴费的比例。

第五条　职业年金基金由下列各项组成：

（一）单位缴费；

（二）个人缴费；

（三）职业年金基金投资运营收益；

（四）国家规定的其他收入。

第六条　职业年金基金采用个人账户方式管理。个人缴费实行实账积累。对财政全额供款的单位，单位缴费根据单位提供的信息采取记账方式，每年按照国家统一公布的记账利率计算利息，工作人员退休前，本人职业年金账户的累计储存额由同级财政拨付资金记实；对非财政全额供款的单位，单位缴费实行实账积累。实账积累形成的职业年金基金，实行市场化投资运营，按实际收益计息。

职业年金基金投资管理应当遵循谨慎、分散风险的原则，保证职业年金基金的安全性、收益性和流动性。职业年金基金的具体投资管理办法由人力资源社会保障部、财政部会同有关部门另行制定。

第七条　单位缴费按照个人缴费基数的8%计入本人职业年金个人账户；个人缴费直接计入本人职业年金个人账户。

职业年金基金投资运营收益，按规定计入职业年金个人账户。

第八条 工作人员变动工作单位时，职业年金个人账户资金可以随同转移。工作人员升学、参军、失业期间或新就业单位没有实行职业年金或企业年金制度的，其职业年金个人账户由原管理机构继续管理运营。新就业单位已建立职业年金或企业年金制度的，原职业年金个人账户资金随同转移。

第九条 符合下列条件之一的可以领取职业年金：

（一）工作人员在达到国家规定的退休条件并依法办理退休手续后，由本人选择按月领取职业年金待遇的方式。可一次性用于购买商业养老保险产品，依据保险契约领取待遇并享受相应的继承权；可选择按照本人退休时对应的计发月数计发职业年金月待遇标准，发完为止，同时职业年金个人账户余额享有继承权。本人选择任一领取方式后不再更改。

（二）出国（境）定居人员的职业年金个人账户资金，可根据本人要求一次性支付给本人。

（三）工作人员在职期间死亡的，其职业年金个人账户余额可以继承。

未达到上述职业年金领取条件之一的，不得从个人账户中提前提取资金。

第十条 职业年金有关税收政策，按照国家有关法律法规和政策的相关规定执行。

第十一条 职业年金的经办管理工作，由各级社会保险经办机构负责。

第十二条 职业年金基金应当委托具有资格的投资运营机构作为投资管理人，负责职业年金基金的投资运营；应当选择具有资格的商业银行作为托管人，负责托管职业年金基金。委托关系确定后，应当签订书面合同。

第十三条　职业年金基金必须与投资管理人和托管人的自有资产或其他资产分开管理，保证职业年金财产独立性，不得挪作其他用途。

第十四条　县级以上各级人民政府人力资源社会保障行政部门、财政部门负责对本办法的执行情况进行监督检查。对违反本办法规定的，由人力资源社会保障行政部门和财政部门予以警告，责令改正。

第十五条　因执行本办法发生争议的，工作人员可按照国家有关法律、法规提请仲裁或者申诉。

第十六条　本办法自 2014 年 10 月 1 日起实施。已有规定与本办法不一致的，按照本办法执行。

第十七条　本办法由人力资源社会保障部、财政部负责解释。

附件二　人力资源社会保障部　财政部关于印发职业年金基金管理暂行办法的通知

人力资源社会保障部　财政部关于印发职业年金基金管理暂行办法的通知

人社部发〔2016〕92号

各省、自治区、直辖市及新疆生产建设兵团人力资源社会保障厅（局）、财政（财务）厅（局）：

现将《职业年金基金管理暂行办法》印发给你们，请认真贯彻执行。

人力资源社会保障部

财政部

2016年9月28日

职业年金基金管理暂行办法

第一章　总　则

第一条　为规范职业年金基金管理，维护各方当事人的合法权益，根据信托法、合同法、证券投资基金法、《国务院关于机关事业单位工作人员养老保险制度改革的决定》（国发〔2015〕2

号）、《国务院办公厅关于印发机关事业单位职业年金办法的通知》（国办发〔2015〕18号）等法律及有关规定，制定本办法。

第二条　本办法所称职业年金基金，是指依法建立的职业年金计划筹集的资金及其投资运营收益形成的机关事业单位补充养老保险基金。职业年金基金的委托管理、账户管理、受托管理、托管、投资管理以及监督管理适用本办法。

第三条　本办法所称受益人是指参加职业年金计划的机关事业单位工作人员。委托人是指参加职业年金计划的机关事业单位及其工作人员。代理人是指代理委托人集中行使委托职责并负责职业年金基金账户管理业务的中央国家机关养老保险管理中心及省级社会保险经办机构。受托人是指受托管理职业年金基金财产的法人受托机构，托管人是指接受受托人委托保管职业年金基金财产的商业银行，投资管理人是指接受受托人委托投资管理职业年金基金财产的专业机构。

职业年金基金受托、托管和投资管理机构在具有相应企业年金基金管理资格的机构中选择。

第四条　职业年金基金采取集中委托投资运营的方式管理，其中，中央在京国家机关及所属事业单位职业年金基金由中央国家机关养老保险管理中心集中行使委托职责，各地机关事业单位职业年金基金由省级社会保险经办机构集中行使委托职责。代理人可以建立一个或多个职业年金计划，按计划估值和计算收益率，建立多个职业年金计划的，也可以实行统一收益率。一个职业年金计划应当只有一个受托人、一个托管人，可以根据资产规模大小选择适量的投资管理人。职业年金计划的基金财产，可以由投资管理人设立投资组合或由受托人直接投资养老金产品进行投资管理。

第五条　职业年金计划的代理人代理委托人与受托人签订职

业年金计划受托管理合同，受托人与托管人、投资管理人分别签订职业年金计划委托管理合同。职业年金计划受托和委托管理合同由受托人报人力资源社会保障部或者省、自治区、直辖市人力资源社会保障行政部门备案，人力资源社会保障行政部门于收到符合规定的备案材料之日起 15 个工作日内，出具职业年金计划确认函，给予职业年金计划登记号。职业年金计划名称、登记号及投资组合代码，按规定编制。

第六条 成立中央及省级职业年金基金管理机构评选委员会（以下简称评选委员会），负责通过招标形式选择、更换受托人。评选委员会人数为 7 人、9 人或 11 人，由人力资源社会保障部门、财政部门等方面人员组成，基金规模较大的机关事业单位和地区可派代表参加。评选委员会办公室设在中央国家机关养老保险管理中心及省级社会保险经办机构，承担相关事务工作。

评选委员会成员名单报人力资源社会保障部、财政部备案。

第七条 同一职业年金计划中，受托人与托管人、托管人与投资管理人不得为同一机构；受托人与托管人、托管人与投资管理人、投资管理人与其他投资管理人的高级管理人员和职业年金从业人员，不得相互兼任。

受托人兼任投资管理人时，应当建立风险控制制度，确保业务管理之间的独立性；设立独立的受托业务和投资业务部门，办公区域、运营管理流程和业务制度应当严格分离；直接负责的高级管理人员、受托业务和投资业务部门的从业人员不得相互兼任。同一职业年金计划中，受托人对待各投资管理人应当执行统一的标准和流程，体现公开、公平、公正原则。

第八条 职业年金基金财产独立于机关事业单位、各级社会保险经办机构、受托人、托管人、投资管理人和其他为职业年金基金管理提供服务的自然人、法人或者其他组织的固有财产及其管理的其他财产。

职业年金基金财产的管理、运用或者其他情形取得的财产和收益，应当归入基金财产。

第九条　机关事业单位、各级社会保险经办机构、受托人、托管人、投资管理人和其他为职业年金基金管理提供服务的法人或者其他组织，因机构调整、依法解散、被依法撤销或者被依法宣告破产等原因进行终止清算的，职业年金基金财产不属于其清算财产。

第十条　职业年金基金财产的债权，不得与机关事业单位、各级社会保险经办机构、受托人、托管人、投资管理人和其他为职业年金基金管理提供服务的自然人、法人或者其他组织固有财产的债务相互抵销。不同职业年金计划基金财产的债权债务，不得相互抵销。非因职业年金基金财产本身承担的债务，不得对基金财产强制执行。

第十一条　人力资源社会保障行政部门、财政部门对职业年金基金管理情况进行监管。

第二章　管理职责

第十二条　建立职业年金的机关事业单位应当履行下列职责：

（一）向管理其基本养老保险的社会保险经办机构申报职业年金缴费。

（二）机关事业单位职业年金缴费按期划入管理其基本养老保险的社会保险经办机构按有关规定设立的职业年金基金归集账户，省以下社会保险经办机构职业年金基金归集账户资金及时归集至省级社会保险经办机构职业年金基金归集账户，确保资金完整、安全和独立。职业年金基金归集账户设立和管理办法另行制定。

（三）根据有关规定，在本单位工作人员出现退休、出国（境）定居、死亡等情况时，向管理其基本养老保险的社会保险经办机构提出待遇支付申请，并协助发放职业年金待遇；在本单位工作人员变动工作单位时，向管理其基本养老保险的社会保险经办机构提出账户转移申请，并协助办理职业年金账户转移；在本单位工作人员出现上述情况或其他有关情况时，向同级财政提出拨付资金记实申请。

第十三条 代理人应当履行下列职责：

（一）代理委托人与受托人签订职业年金计划受托管理合同。

（二）设立独立的职业年金基金归集账户，归集职业年金缴费，账实匹配一致后按照职业年金计划受托管理合同约定及时将职业年金基金归集账户资金划入职业年金基金受托财产托管账户，确保资金完整、安全和独立。

（三）负责对归集账户进行会计核算。

（四）负责职业年金基金账户管理，记录单位和个人缴费以及基金投资收益等账户财产变化情况。

（五）计算职业年金待遇，办理账户转移等相关事宜。

（六）定期向受托人提供职业年金基金账户管理相关信息，向机关事业单位披露职业年金管理信息，向受益人提供个人账户信息查询服务。

（七）定期向有关监管部门提交职业年金计划管理报告和职业年金基金账户管理报告，发生重大事件时及时向建立职业年金的机关事业单位和有关监管部门报告。

（八）监督职业年金计划管理情况，建立职业年金计划风险控制机制。

（九）按照国家规定保存职业年金基金委托管理、账户管理等业务活动记录、账册、报表和其他相关资料。

（十）国家规定和合同约定的其他职责。

第十四条　代理人不得有下列行为：

（一）将职业年金基金财产混同于其他财产。

（二）侵占、挪用职业年金基金财产。

（三）利用所管理的职业年金基金财产为机关事业单位、受益人、代理人、受托人、托管人、投资管理人，以及归集账户开户银行和其他自然人、法人或者其他组织谋取不正当利益。

（四）国家规定和合同约定禁止的其他行为。

第十五条　受托人应当履行下列职责：

（一）选择、监督、更换职业年金计划托管人和投资管理人。

（二）与托管人和投资管理人签订职业年金计划委托管理合同。

（三）制定职业年金基金战略资产配置策略，提出大类资产投资比例和风险控制要求。

（四）基金财产到达受托财产托管账户 25 个工作日内划入投资资产托管账户。向投资管理人分配职业年金基金财产，也可根据职业年金计划受托管理合同约定将基金财产投资于一个或者多个养老金产品。

（五）及时与托管人核对受托财产托管账户的会计核算信息和职业年金基金资产净值等数据。

（六）根据代理人的通知，向托管人发出职业年金收账指令、待遇支付指令及其他相关信息。

（七）建立职业年金计划投资风险控制及定期考核评估制度，严格控制投资风险。

（八）接受代理人查询，定期向代理人提交基金资产净值等数据信息以及职业年金计划受托管理报告。

（九）定期向有关监管部门提交职业年金基金受托管理报告，发生重大事件时及时向代理人和有关监管部门报告。

（十）根据合同约定监督职业年金基金管理情况。

（十一）按照国家规定保存职业年金基金受托管理业务活动记录、账册、报表和其他相关资料。

（十二）国家规定和合同约定的其他职责。

第十六条 受托人不得有下列行为：

（一）将职业年金基金财产混同于其固有财产或者他人财产。

（二）不公平对待职业年金基金财产与其管理的其他财产。

（三）不公平对待其管理的不同职业年金基金财产。

（四）不公平对待各投资管理人。

（五）侵占、挪用职业年金基金财产。

（六）利用所管理的职业年金基金财产为机关事业单位、受益人、代理人、受托人、托管人、投资管理人，或者其他自然人、法人以及其他组织谋取不正当利益。

（七）国家规定和合同约定禁止的其他行为。

第十七条 托管人应当履行下列职责：

（一）安全保管职业年金基金财产。

（二）以职业年金基金名义开设基金财产的资金账户和证券账户等。

（三）对所托管的不同职业年金基金财产分别设置账户，确保基金财产的完整和独立。

（四）根据受托人指令，向投资管理人划拨职业年金基金财产，或者将职业年金基金财产划拨给一个或者多个养老金产品。

（五）及时办理清算、交割事宜。

（六）负责职业年金计划和各投资组合的基金会计核算和估值，复核、审查和确认基金资产净值，并按期向受托人提交基金资产净值、基金估值等必要的信息。

（七）根据受托人指令，向受益人发放职业年金待遇。

（八）定期与受托人、投资管理人核对有关数据。

（九）按照规定监督投资管理人的投资运作，并定期向受托人报告投资监督情况。

（十）定期向受托人提交职业年金计划托管报告，定期向有关监管部门提交职业年金基金托管报告，发生重大事件时及时向受托人和有关监管部门报告。

（十一）按照国家规定保存职业年金基金托管业务活动记录、账册、报表和其他相关资料。

（十二）国家规定和合同约定的其他职责。

第十八条　托管人发现投资管理人依据交易程序尚未成立的投资指令违反法律、行政法规、其他有关规定或者合同约定的，应当拒绝执行，立即通知投资管理人，并及时向受托人和有关监管部门报告。

托管人发现投资管理人依据交易程序已经成立的投资指令违反法律、行政法规、其他有关规定或者合同约定的，应当立即通知投资管理人，并及时向受托人和有关监管部门报告。

第十九条　托管人不得有下列行为：

（一）将托管的职业年金基金财产与其固有财产混合管理。

（二）将托管的职业年金基金财产与托管的其他财产混合管理。

（三）将托管的不同职业年金计划、不同职业年金投资组合的职业年金基金财产混合管理。

（四）侵占、挪用托管的职业年金基金财产。

（五）利用所管理的职业年金基金财产为机关事业单位、受益人、代理人、受托人、托管人、投资管理人，或者其他自然人、法人以及其他组织谋取不正当利益。

（六）国家规定和合同约定禁止的其他行为。

第二十条 投资管理人应当履行下列职责：

（一）对职业年金基金财产进行投资。

（二）及时与托管人核对投资管理的职业年金基金会计核算和估值数据。

（三）建立职业年金基金投资管理风险准备金。

（四）建立投资组合风险控制及定期评估制度，严格控制组合投资风险。

（五）定期向受托人提交职业年金计划投资组合管理报告，定期向有关监管部门提交职业年金基金投资管理报告，发生重大事件时及时向受托人和有关监管部门报告。

（六）按照国家规定保存职业年金基金投资管理业务活动记录、账册、报表和其他相关资料。

（七）国家规定和合同约定的其他职责。

第二十一条 有下列情形之一的，投资管理人应当及时向受托人报告：

（一）职业年金基金单位净值大幅度波动的。

（二）可能使职业年金基金财产受到重大影响的有关事项。

（三）国家规定和合同约定的其他情形。

第二十二条 投资管理人不得有下列行为：

（一）将职业年金基金财产混同于其固有财产或者他人财产。

（二）不公平对待职业年金基金财产与其管理的其他财产。

（三）不公平对待其管理的不同职业年金基金财产。

（四）侵占、挪用职业年金基金财产。

（五）承诺、变相承诺保本或者保证收益。

（六）利用所管理的职业年金基金财产为机关事业单位、受益人、代理人、受托人、托管人、投资管理人，或者其他自然人、法人以及其他组织谋取不正当利益。

（七）国家规定和合同约定禁止的其他行为。

第二十三条　有下列情形之一的，受托人、托管人或者投资管理人职责终止：

（一）严重违反职业年金计划受托或委托管理合同。

（二）利用职业年金基金财产为其谋取不正当利益，或者为他人谋取不正当利益。

（三）依法解散、被依法撤销、被依法宣告破产或者被依法接管。

（四）被依法取消企业年金基金管理资格。

（五）代理人有证据认为更换受托人符合受益人利益，并经评选委员会批准。

（六）受托人有证据认为更换托管人或者投资管理人符合受益人利益。

（七）有关监管部门有充分理由和依据认为更换受托人、托管人或者投资管理人符合受益人利益。

（八）国家规定和合同约定的其他情形。

受托人职责终止的，评选委员会应当及时选定新的受托人；托管人或者投资管理人职责终止的，受托人应当及时选定新的托管人或者投资管理人。原受托人、托管人、投资管理人应当妥善保管职业年金基金相关资料，并在受托人、托管人或者投资管理人变更生效之日起35个工作日内办理完毕业务移交手续，新受托人、托管人、投资管理人应当及时接收并履行相应职责。

第三章　基金投资

第二十四条　职业年金基金投资管理应当遵循谨慎、分散风险的原则，充分考虑职业年金基金财产的安全性、收益性和流动性，实行专业化管理。

第二十五条 职业年金基金财产限于境内投资，投资范围包括：银行存款，中央银行票据；国债，债券回购，信用等级在投资级以上的金融债、企业（公司）债、可转换债（含分离交易可转换债）、短期融资券和中期票据；商业银行理财产品，信托产品，基础设施债权投资计划，特定资产管理计划；证券投资基金，股票，股指期货，养老金产品等金融产品。

其中，投资商业银行理财产品、信托产品、基础设施债权投资计划、特定资产管理计划、股指期货及养老金产品，在国家有关部门另行规定之前，按照《关于扩大企业年金基金投资范围的通知》（人社部发〔2013〕23 号）、《关于企业年金养老金产品有关问题的通知》（人社部发〔2013〕24 号）等有关规定执行。

第二十六条 每个投资组合的职业年金基金财产应当由一个投资管理人管理，职业年金基金财产以投资组合为单位按照公允价值计算应当符合下列规定：

（一）投资银行活期存款、中央银行票据、1 年期以内（含 1 年）的银行定期存款、债券回购、货币市场基金、货币型养老金产品的比例，合计不得低于投资组合委托投资资产净值的 5%。清算备付金、证券清算款以及一级市场证券申购资金视为流动性资产。

（二）投资 1 年期以上的银行定期存款、协议存款、国债、金融债、企业（公司）债、可转换债（含分离交易可转换债）、短期融资券、中期票据、商业银行理财产品、信托产品、基础设施债权投资计划、特定资产管理计划、债券基金、固定收益型养老金产品、混合型养老金产品的比例，合计不得高于投资组合委托投资资产净值的 135%。债券正回购的资金余额在每个交易日均不得高于投资组合基金资产净值的 40%。

（三）投资股票、股票基金、混合基金、股票型养老金产品的比例，合计不得高于投资组合委托投资资产净值的 30%。职业年金基金不得直接投资于权证，但因投资股票、分离交易可转换债等投资品种而衍生获得的权证，应当在权证上市交易之日起 10 个交易日内卖出。

（四）投资商业银行理财产品、信托产品、基础设施债权投资计划、特定资产管理计划，以及商业银行理财产品型、信托产品型、基础设施债权投资计划型、特定资产管理计划型养老金产品的比例，合计不得高于投资组合委托投资资产净值的 30%。其中，投资信托产品以及信托产品型养老金产品的比例，合计不得高于投资组合委托投资资产净值的 10%。

投资商业银行理财产品、信托产品、基础设施债权投资计划、特定资产管理计划或商业银行理财产品型、信托产品型、基础设施债权投资计划型、特定资产管理计划型养老金产品的专门投资组合，可以不受此 30% 和 10% 规定的限制。专门投资组合应当有 80% 以上的非现金资产投资于投资方向确定的内容。

第二十七条　单个投资组合的职业年金基金财产，按照公允价值计算应当符合下列规定：

（一）投资一家企业所发行的股票，单期发行的同一品种短期融资券、中期票据、金融债、企业（公司）债、可转换债（含分离交易可转换债），单只证券投资基金，分别不得超过上述证券发行量、该基金份额的 5%，其中基金产品份额数以最近一次公告或者发行人正式说明为准，也不得超过该投资组合委托投资资产净值的 10%。

（二）投资单期商业银行理财产品、信托产品、基础设施债权投资计划或者特定资产管理计划，分别不得超过该期商业银行理财产品、信托产品、基础设施债权投资计划或者特定资产管理计划资产管理规模的 20%。投资商业银行理财产品、信托产品、基础设施债权投资计划或者特定资产管理计划的专门投资组合，可以不受此规定的限制。

第二十八条 单个计划的职业年金基金财产按照公允价值计算应当符合下列规定：

（一）投资股票型养老金产品的比例，不得高于职业年金基金资产净值的 30%。

（二）投资商业银行理财产品、信托产品、基础设施债权投资计划、特定资产管理计划和商业银行理财产品型、信托产品型、基础设施债权投资计划型、特定资产管理计划型养老金产品的专门投资组合，以及商业银行理财产品型、信托产品型、基础设施债权投资计划型、特定资产管理计划型养老金产品的比例，合计不得高于职业年金基金资产净值的 30%。其中，投资信托产品、信托产品型养老金产品的专门投资组合，以及信托型养老金产品的比例，合计不得高于职业年金基金资产净值的 10%。

第二十九条 投资管理人管理的职业年金基金财产投资于自己管理的金融产品须经受托人同意。

第三十条 因证券市场波动、上市公司合并、基金规模变动等投资管理人之外的因素致使职业年金基金投资不符合本办法第二十六条、第二十七条、第二十八条规定的比例或者合同约定的投资比例的，投资管理人应当在可上市交易之日起 10 个交易日内调整完毕。

第三十一条 根据金融市场变化和投资运作情况，有关监管部门适时对投资范围和比例进行调整。

第三十二条 除股指期货交易外，职业年金基金证券交易以现货和国家规定的其他方式进行。

职业年金基金不得用于向他人贷款和提供担保。

投资管理人不得从事使职业年金基金财产承担无限责任的投资。

第四章　收益分配及费用

第三十三条　代理人应当采用份额计量方式进行账户管理，根据职业年金基金单位净值，按月足额记入受益人职业年金账户。

第三十四条　受托人年度提取的管理费不高于受托管理职业年金基金资产净值的 0.2%；托管人年度提取的管理费不高于托管职业年金基金资产净值的 0.2%；投资管理人年度提取的管理费综合考虑投资收益等情况确定，不高于投资管理职业年金基金资产净值的 1.2%。

根据职业年金基金管理情况，有关监管部门适时对管理费进行调整。

第三十五条　投资管理人从当期收取的管理费中，提取 20% 作为职业年金基金投资管理风险准备金，专项用于弥补合同到期时所管理投资组合的职业年金基金当期委托投资资产的投资亏损。余额达到投资管理人所管理投资组合基金资产净值的 10% 时可以不再提取。

当合同到期时，如所管理投资组合的职业年金基金资产净值低于当期委托投资资产，投资管理人应当用风险准备金弥补该时点的当期委托投资资产亏损，直至该投资组合风险准备金弥补完毕；如所管理投资组合的职业年金基金当期委托投资资产没有发生投资亏损或者风险准备金弥补后有剩余，风险准备金划归投资管理人所有。

职业年金基金投资管理风险准备金应当存放于投资管理人在

托管人处开立的专用存款账户。托管人不得对风险准备金账户收取费用。风险准备金由投资管理人进行管理，可以投资于银行存款、国债等高流动性、低风险金融产品。风险准备金产生的投资收益，归入风险准备金。

第五章　计划管理及信息披露

第三十六条　发生下列情形之一的，职业年金计划变更：

（一）职业年金计划受托人、托管人或者投资管理人变更。

（二）职业年金计划受托或委托管理合同主要内容变更。

（三）国家规定的其他情形。

发生前款规定情形时，受托人应当将相关职业年金计划受托或委托管理合同重新报人力资源社会保障行政部门备案。

职业年金计划变更，原计划登记号不变。

第三十七条　职业年金计划终止时，代理人与受托人应当共同组织清算组对职业年金基金财产进行清算。清算费用可从职业年金基金财产中列支。

清算组由代理人、受托人、托管人、投资管理人以及由代理人与受托人共同聘请的会计师事务所、律师事务所等组成。

清算组应当自计划终止后 3 个月内完成清算工作，并向有关监管部门提交经会计师事务所审计以及律师事务所出具法律意见书的清算报告。

代理人与受托人、托管人、投资管理人应当继续履行管理职责至职业年金计划财产移交完成。

人力资源社会保障行政部门在接到清算报告后，应当注销该职业年金计划。

第三十八条　发生下列情形之一的，代理人与受托人应当共同聘请具有证券期货相关业务资格的会计师事务所对职业年金计划进行审计。审计费用可从职业年金基金财产中列支：

（一）职业年金计划连续运作满三个会计年度。

（二）职业年金计划受托人、托管人或者投资管理人职责终止。

（三）国家规定的其他情形。

代理人、受托人、托管人、投资管理人应当配合会计师事务所对职业年金计划进行审计。受托人应当自上述情况发生之日起的 50 个工作日内向有关监管部门提交审计报告。

第三十九条　代理人应当在年度结束后 45 个工作日内，向机关事业单位披露职业年金管理信息，向受益人提供职业年金个人账户权益信息。

代理人应当在季度结束后 35 个工作日内、年度结束后 45 个工作日内，向本级监管部门提交职业年金计划管理报告。

代理人应当在季度结束后 15 个工作日内、年度结束后 25 个工作日内，向有关监管部门提交职业年金基金账户管理报告。

第四十条　受托人应当在季度结束后 25 个工作日内、年度结束后 35 个工作日内，向代理人提交职业年金计划受托管理报告。

受托人应当在季度结束后 15 个工作日内、年度结束后 25 个工作日内，向有关监管部门提交职业年金基金受托管理报告。

第四十一条　托管人应当在季度结束后 15 个工作日内、年度结束后 25 个工作日内，向受托人提交职业年金计划托管报告。

托管人应当在季度结束后 15 个工作日内、年度结束后 25 个工作日内，向有关监管部门提交职业年金基金托管报告。

第四十二条　投资管理人应当在季度结束后 15 个工作日内、年度结束后 25 个工作日内，向受托人提交经托管人确认财务管理数据的职业年金计划投资组合管理报告。

投资管理人应当在季度结束后15个工作日内、年度结束后25个工作日内，向有关监管部门提交职业年金基金投资管理报告。

第四十三条 受托人、托管人和投资管理人发生下列情形之一的，应当及时向代理人和有关监管部门报告；托管人和投资管理人应当同时抄报受托人：

（一）减资、合并、分立、依法解散、被依法撤销、决定申请破产或者被申请破产的。

（二）涉及重大诉讼或者仲裁的。

（三）董事长、总经理或直接负责职业年金业务的高级管理人员发生变动的。

（四）国家规定的其他情形。

第四十四条 代理人、受托人、托管人和投资管理人应当按照规定报告职业年金基金管理情况，并对所报告内容的真实性、准确性、完整性负责。

第六章 监督检查

第四十五条 有关监管部门依法履行监督管理职责，可以采取以下措施：

（一）查询、记录、复制与被调查事项有关的职业年金计划受托和委托管理合同、财务会计报告等资料。

（二）询问与被调查事项有关的单位和个人，要求其对有关问题做出说明、提供有关证明材料。

（三）国家规定的其他措施。

机关事业单位、各级社会保险经办机构、受托人、托管人、投资管理人，以及归集账户开户银行和其他为职业年金基金管理提供服务的自然人、法人或者其他组织，应当积极配合检查，如实提供有关资料，不得拒绝、阻挠或者逃避检查，不得谎报、隐匿或者销毁相关材料。

第四十六条 有关监管部门依法进行调查或者检查时，应当至少由两人共同进行，出示证件，并承担下列义务：

（一）依法履行职责，秉公执法，不得利用职务之便谋取私利。

（二）保守在调查或者检查时知悉的商业秘密。

（三）为举报人保密。

第四十七条 各级社会保险经办机构、受托人、托管人、投资管理人以及归集账户开户银行违反本办法规定的，由有关监管部门责令改正。

第四十八条 受托人、托管人、投资管理人发生违法违规行为可能影响职业年金基金财产安全的，或者经责令改正而不改正的，由人力资源社会保障部暂停其接收新的职业年金基金管理业务。各级社会保险经办机构、受托人、托管人、投资管理人以及归集账户开户银行发生违法违规行为给职业年金基金财产或者受益人利益造成损害的，依法承担赔偿责任，其中各级社会保险经办机构的赔偿责任由同级财政承担；构成犯罪的，依法追究刑事责任。

第四十九条 有关监管部门将受托人、托管人、投资管理人以及归集账户开户银行违法违规行为、处理结果以及改正情况予以记录，同时抄送业务主管部门。

第五十条 各省、自治区、直辖市人力资源社会保障行政部门、财政部门对本地区职业年金基金管理情况进行监督，发现违法违规问题报人力资源社会保障部、财政部。

第五十一条 会计师事务所和律师事务所提供职业年金中介服务应当严格遵守法律法规和相关职业准则、行业规范。

第七章　附　则

第五十二条　本办法由人力资源社会保障部、财政部解释。

第五十三条　本办法自印发之日起施行。

附件三　人力资源社会保障部办公厅关于印发《机关事业单位基本养老保险关系和职业年金转移接续经办规程（暂行）》的通知

人力资源社会保障部办公厅关于印发《机关事业单位基本养老保险关系和职业年金转移接续经办规程（暂行）》的通知

人社厅发〔2017〕7号

各省、自治区、直辖市及新疆生产建设兵团人力资源社会保障厅（局），中央国家机关养老保险管理中心：

为统一规范机关事业单位基本养老保险关系和职业年金转移接续业务经办流程，确保转移接续衔接顺畅，按照《国务院关于机关事业单位工作人员养老保险制度改革的决定》（国发〔2015〕2号）和《关于机关事业单位基本养老保险关系和职业年金转移接续有关问题的通知》（人社部规〔2017〕1号）确定的基本原则和主要政策，我部制定了《机关事业单位基本养老保险关系和职业年金转移接续经办规程（暂行）》（以下简称“经办规程”）。现印发给你们，并就贯彻执行经办规程提出如下要求：

一、充分认识做好转移接续工作的重要意义。做好机关事业单位基本养老保险关系和职业年金的转移接续工作，有利于保障参保人员流动时的养老保险权益，促进机关事业单位养老保险制度改革顺利推进。制定和施行统一规范的经办规程，是贯彻落实机关事业单位养老保险制度改革的配套文件，是经办职工养老保险关系转移接续的基本遵循，也是规范经办管理服务工作的根本保证。各级社会保险经办机构要统一思想，提高认识，认真学习经办规程的内容，遵循经办规程的具体要求，切实做好经办规程的贯彻落实工作。

二、准确把握经办规程的基本内容和要求。机关事业单位基本养老保险关系和职业年金转移接续工作是社会保险经办机构的一项新业务，经办规程既包括机关事业单位基本养老保险关系，也包括职业年金转移接续；既涉及机关事业单位之间、机关事业单位与企业之间基本养老保险关系转移接续，也涉及职业年金与企业年金之间的转移接续。各级社会保险经办机构要认真掌握转移接续的政策依据、适用范围和责任主体等内容；严格执行经办规则和相关要求，遵守经办服务职责、流程、标准和时限；准确理解职工基本养老保险关系和职业年金转入转出信息、资金等项目的指标解释，正确使用各种账表卡册；重点掌握职业年金转移涉及的补记、记实、保留以及企业年金等衔接办法；熟悉多次转移、欠费、重复缴费等情形的处理办法，保证机关事业单位基本养老保险关系和职业年金转移接续经办工作有章可循、精准实施。

三、扎实开展宣传培训工作。经办规程政策性、专业性和操作性强，及时开展宣传引导和业务培训工作十分重要。各地要制定宣传方案，统一宣传口径，印制宣传资料等；依据经办规程，认真梳理参保人员关心、社会关注的重点、难点和热点问题，明确宣传重点内容和重点对象；充分发挥网络、报刊、电视等媒介作用，帮助参保人员全面准确了解相关政策，耐心释疑解惑，合理引导社会预期和舆论方向。各地要把培训作为业务经办工作的重要基础，有计划、分层次地组织学习培训。要抓好经办骨干培训，培养一支政策宣讲和业务操作能手，做到精准操作，运用自如。同时要抓好参保单位人力资源管理人员的培训，确保经办规程落实不走样。

四、着力加强经办管理服务工作。各地要严格按照经办规程的要求，细化省内转移接续规程，优化转移接续流程，简化办事环节和手续，拓展服务渠道，创新服务方式，提高经办管理质量和服务水平。要加强机关事业单位基本养老保险个人账户和职业年金个人账户管理，规范账户项目，强化分项管理，分类做好基本养老保险个人账户资金、缴费形成的职业年金、参加本地机关事业单位养老保险试点的个人缴费本息划转的资金、补记的职业年金和企业年金等记账管理工作，确保分得清、记得准、转得动、接得上，维护参保人员的合法权益。要加强经办能力建设，适当充实经办力量，配置必要工作设施，落实工作经费。抓紧改造本地业务信息系统，实现地方与部级转移接续信息系统无缝衔接，推动跨区域信息互联互通，充分应用信息系统提高转移接续效率。加快推进“互联网+公共服务”，方便参保人员办理关系转移手续和查询咨询相关业务。切实加强地区之间、社会保险经办机构之间和部门（单位）之间的沟通协调，强化责任，上下联动，左右协调，形成工作合力，为参保单位和参保人员提供方便、快捷、优质的服务。

五、建立工作分析报告制度。各地要组织好所属地区转移人次和基金的统计、核实、汇总、上报工作，确保数据真实、及时和准确，每季度次月10日前将数据上报部社保中心。要对转移接续情况进行动态监测，认真解决衔接不顺、转移不畅的问题。要跟踪了解经办规程的实施情况，研究解决工作中出现的新情况、新问题，加强风险防控，及时化解各种矛盾，重要情况和重大问题及时报告。

六、切实加强组织领导。做好机关事业单位基本养老保险关系和职业年金转移接续工作，直接关系到参保人员的切身利益，事关改革发展稳定大局。各级人力资源社会保障部门要高度重视，加强组织领导，精心筹划实施。各地社会保险经办机构要严格按照经办规程的要求，结合本地区工作实际，研究制定贯彻落实的工作实施方案，明确任务、明确责任、明确时限、明确要求，并加强督促检查，确保落实到位。

人力资源社会保障部办公厅

2017 年 1 月 18 日

机关事业单位基本养老保险关系和职业年金转移接续经办规程（暂行）

第一章　总　则

第一条　为统一规范机关事业单位工作人员基本养老保险关系和职业年金转移接续业务经办程序，根据《国务院关于机关事业单位工作人员养老保险制度改革的决定》（国发〔2015〕2 号）、《国务院办公厅关于印发机关事业单位职业年金办法的通知》（国办发〔2015〕18 号）、《关于机关事业单位基本养老保险关系和职业年金转移接续有关问题的通知》（人社部规〔2017〕1 号）和《关于印发职业年金基金管理暂行办法的通知》（人社部发〔2016〕92 号），制定本规程。

第二条　本规程适用于参加基本养老保险在职人员（以下简称参保人员）在机关事业单位之间、机关事业单位与企业之间流动就业时，其基本养老保险关系和职业年金、企业年金转移接续的业务经办。

第三条 县级以上社会保险经办机构负责机关事业单位基本养老保险关系和职业年金的转移接续业务经办。

第四条 参保人员符合以下条件的，应办理基本养老保险关系和职业年金的转移接续：

（一）在机关事业单位之间流动的；

（二）在机关事业单位和企业（含个体工商户和灵活就业人员）之间流动的；

（三）因辞职辞退等原因离开机关事业单位的。

第五条 参保人员在同一统筹范围内机关事业单位之间流动的，只转移基本养老保险关系，不转移基本养老保险基金。省（自治区、直辖市）内机关事业单位基本养老保险关系转移接续经办规程由各省（自治区、直辖市）制定。

省内建立一个职业年金计划或建立多个职业年金计划且实行统一收益率的，参保人员在本省（自治区、直辖市）机关事业单位之间流动时，只转移职业年金关系，不转移职业年金基金；需要记实职业年金的，按规定记实后再办理转移接续。省内建立多个职业年金计划且各年金计划分别计算收益率的，参保人员在省内各年金计划之间的转移接续，由各省（自治区、直辖市）自行制定实施细则。

第六条 转出地和转入地社会保险经办机构通过全国基本养老保险关系跨省转移接续系统，进行基本养老保险关系和职业年金转移接续信息交换。

第二章 基本养老保险关系转移接续

第七条 参保人员在机关事业单位之间跨省流动的、从机关事业单位流动到企业的，按以下流程办理：

（一）出具参保缴费凭证。参保人员转移接续前，参保单位或参保人员到基本养老保险关系所在地（以下简称转出地）社会保险经办机构申请开具《养老保险参保缴费凭证》（附件 1，以下简称《参保缴费凭证》）。转出地社会保险经办机构核对相关信息后，出具《参保缴费凭证》，并告知转移接续条件。

（二）转移接续申请。参保人员新就业单位或本人向新参保地（以下简称转入地）社会保险经办机构提出转移接续申请并出示《参保缴费凭证》，填写《养老保险关系转移接续申请表》（附件 2，以下简称《申请表》）。如参保人员在离开转出地时未开具《参保缴费凭证》，由转入地社会保险经办机构与转出地社会保险经办机构联系补办。

（三）发联系函。转入地社会保险经办机构对符合转移接续条件的，应在受理之日起 15 个工作日内生成《基本养老保险关系转移接续联系函》（附件 3，以下简称《基本养老保险联系函》），并向参保人员转出地社会保险经办机构发出。

（四）转出基本养老保险信息表和基金。转出地社会保险经办机构在收到《基本养老保险联系函》之日起 15 个工作日内完成以下手续：

1. 核对有关信息并生成《基本养老保险关系转移接续信息表》（附件 4，以下简称《基本养老保险信息表》）；机关事业单位之间转移接续的，转出地社会保险经办机构应将缴费工资基数、相应年度在岗职工平均工资等记录在《基本养老保险信息表附表》（附件 5）。

2. 办理基本养老保险基金划转手续。其中：个人缴费部分按记入本人个人账户的全部储存额计算转移。单位缴费部分以本人改革后各年度实际缴费工资为基数，按 12% 的总和转移；参保缴费不足 1 年的，按实际缴费月数计算转移。当发生两次及以上转移的，原从企业职工基本养老保险转入的单位缴费部分和个人账户储存额随同转移。

3. 将《基本养老保险信息表》和《基本养老保险信息表附表》传送给转入地社会保险经办机构。

4. 终止参保人员在本地的基本养老保险关系。

（五）基本养老保险关系转入。转入地社会保险经办机构收到《基本养老保险信息表》和转移基金，在信息、资金匹配一致后 15 个工作日内办结以下接续手续：

1. 核对《基本养老保险信息表》及转移基金额。

2. 将转移基金额按规定分别记入统筹基金和参保人员个人账户。

3. 根据《基本养老保险信息表》及参保单位或参保人员提供的材料，补充完善相关信息；机关事业单位之间转移接续的，根据《基本养老保险信息表附表》按照就高不就低的原则核实参保人员的实际缴费指数。

4. 将办结情况告知新参保单位或参保人员。

第八条　参保人员从企业流动到机关事业单位的，其流程按本规程第七条规定办理。转移基金按以下办法计算：

（一）个人账户储存额：1998 年 1 月 1 日之前个人缴费累计本息和 1998 年 1 月 1 日之后个人账户的全部储存额。个人账户储存额与按规定计算的资金转移额不一致的，1998 年 1 月 1 日之前的，转入地和转出地均保留原个人账户记录；1998 年 1 月 1 日至 2005 年 12 月 31 日期间，个人账户记账比例高于 11% 的部分不计算为转移基金，个人账户记录不予调整，低于 11% 的，转出地按 11% 计算转移资金并相应调整个人账户记录；2006 年 1 月 1 日之后的个人账户记账比例高于 8% 的部分不转移，个人账户不予调整，低于 8% 的，转出地按 8% 计算转移资金，并相应调整个人账户记录。

（二）统筹基金（单位缴费）：以本人 1998 年 1 月 1 日后各年度实际缴费工资为基数，按 12% 的总和转移；参保缴费不足 1 年的，按实际缴费月数计算转移。

第九条 参保人员因辞职、辞退、未按规定程序离职、开除、判刑等原因离开机关事业单位的，应将基本养老保险关系转移至户籍所在地企业职工社会保险经办机构，按以下流程办理转移接续手续：

（一）原参保单位提交《机关事业单位辞职辞退等人员基本养老保险关系转移申请表》（附件 6），并提供相关资料。

（二）转出地社会保险经办机构在收到《机关事业单位辞职辞退等人员基本养老保险关系转移申请表》之日起 15 个工作日内完成以下手续：

1. 核对有关信息并生成《基本养老保险信息表》；

2. 办理基本养老保险基金划转手续，转移基金额按本规程第七条第四款第 2 项规定计算；

3. 将《基本养老保险信息表》传送给转入地社会保险经办机构；

4. 终止参保人员在本地的基本养老保险关系并将办结情况告知原参保单位。

（三）基本养老保险关系转入。转入地社会保险经办机构收到《基本养老保险信息表》和转移基金，在信息、资金匹配一致后 15 个工作日内办结以下接续手续：

1. 核对《基本养老保险信息表》及转移基金额；

2. 将转移基金额按规定分别记入统筹基金和参保人员个人账户；

3. 根据《基本养老保险信息表》及相关资料，补充完善相关信息；

4. 将办结情况告知参保人员或原参保单位。

第三章　职业年金转移接续

第十条　参保人员出现以下情形之一的，参保单位或参保人员在申报基本养老保险关系转移接续时，应当一并申报职业年金（企业年金）转移接续：

（一）从机关事业单位流动到本省（自治区、直辖市）内的机关事业单位。

（二）从机关事业单位流动到本省（自治区、直辖市）外的机关事业单位。

（三）从机关事业单位流动到已建立企业年金的新参保单位。

（四）从已建立企业年金的参保单位流动到机关事业单位。

第十一条　社会保险经办机构在办理职业年金转移接续时，需转移以下基金项目：

（一）缴费形成的职业年金。

（二）参加本地机关事业单位养老保险试点的个人缴费本息划转的资金。

（三）补记的职业年金。

（四）原转入的企业年金。

以上项目应在职业年金个人账户管理中予以区分，分别管理并计算收益。

第十二条　参加机关事业单位养老保险人员在 2014 年 10 月 1 日后办理了正式调动或辞职、辞退手续离开机关事业单位的，应由原参保单位填报《职业年金补记申请表》（附件 7），并提供其改革前本人在机关事业单位工作年限相关证明材料。转出地社会保险经办机构依据单位申请资料，协助计算所需补记的职业年金个人账户金额，生成《职业年金个人账户记实 / 补记通知》（附件 8，以下简称《记实 / 补记通知》）；原参保单位根据《记实 / 补记通知》向原资金保障渠道申请资金，及时划转至社会保险经办机构职业年金归集账户。社会保险经办机构确认账实相符后，记入其职业年金个人账户。

第十三条 参保人员在相应的同级财政全额供款的单位之间流动的，职业年金个人账户中记账金额无需记实，继续由转入单位采取记账方式管理。

除此之外，职业年金个人账户中记账部分需在转移接续前记实。参保人员需要记实本人职业年金记账部分时，转出地社会保险经办机构应根据参保单位申请资料，向其出具《记实 / 补记通知》，记实资金到账并核对一致后，记入参保人员的职业年金个人账户。

第十四条 参保人员从机关事业单位流动到本省（自治区、直辖市）以外机关事业单位的，按以下流程办理职业年金转移接续：

（一）出具参保缴费凭证，按本规程第七条第一款规定办理。

（二）发年金联系函。新参保单位向转入地社会保险经办机构申请职业年金转入，转入地社会保险经办机构受理并审核相关资料，符合转移接续条件的，在受理之日起 15 个工作日内向转出地社会保险经办机构发出《职业年金（企业年金）关系转移接续联系函》（附件 9，以下简称《年金联系函》）；对不符合转移接续条件的，应一次性告知需补充的相关材料。

（三）转出年金信息表、基金。转出地社会保险经办机构在收到《年金联系函》后，在确认补记年金、记实资金足额到账之日起 45 个工作日内完成以下手续：

1. 办理职业年金个人账户的记实、补记和个人账户资产的赎回等业务；

2. 核对有关信息并生成《职业年金（企业年金）关系转移接

续信息表》（附件 10，以下简称《年金信息表》）；

3. 向转入地社会保险经办机构发送《年金信息表》，同时将转移资金划转至转入地社会保险经办机构职业年金归集账户；

4. 终止参保人员在本地的职业年金关系。

（四）职业年金关系转入。转入地社会保险经办机构在收到《年金信息表》和确认转移基金账实相符后，15 个工作日内办结以下接续手续：

1. 核对《年金信息表》及转移基金，进行资金到账处理；

2. 将转移金额按项目分别记入参保人员的职业年金个人账户；

3. 根据《年金信息表》及参保单位或参保人员提供的材料，补充完善相关信息；

4. 将办结情况通知新参保单位或参保人员。

第十五条　参保人员从机关事业单位流动到已建立企业年金制度的企业，原参保单位或参保人员申请办理职业年金转移接续。参保人员存在职业年金补记、职业年金个人账户记实等情形的，转出地社会保险经办机构完成上述业务后，45 个工作日内办结以下转出手续：

（一）受理并审核企业年金管理机构出具的《年金联系函》；

（二）转出地社会保险经办机构核对相关信息后生成《年金信息表》，将赎回的职业年金个人账户资金划转至新参保单位的企业年金受托财产托管账户；

（三）将《年金信息表》通过新参保单位或参保人员反馈至企业年金管理机构；

（四）终止参保人员的职业年金关系。

第十六条　参保人员从已建立企业年金制度的企业流动到机关事业单位的，转入地社会保险经办机构按以下流程办理转入手续：

（一）受理参保单位或参保人员提出的转移接续申请，15 个工作日内向其出具《年金联系函》；

（二）审核企业年金管理机构提供的参保人员参加企业年金的证明材料；

（三）接收转入资金，账实匹配后按规定记入职业年金个人账户。

第十七条 存在下列情形之一的，参保人员的职业年金基金不转移，原参保地社会保险经办机构在业务系统中标识保留账户，继续管理运营其职业年金个人账户：

（一）参保人员升学、参军、失业期间的；

（二）参保人员的新就业单位没有实行职业年金或企业年金制度的。

社会保险经办机构在参保单位办理上述人员相关业务时，应告知参保单位按规定申请资金补记职业年金或记实职业年金记账部分，在记实或补记资金账实相符后，将记实或补记金额记入参保人员的职业年金个人账户。

参保人员退休时，负责管理运营职业年金保留账户的社会保险经办机构依本人申请按照国办发〔2015〕18 号文件规定计发职业年金待遇。同时，将原参加本地试点的个人缴费本息划转资金的累计储存额一次性支付给本人。

第十八条 参保人员从企业再次流动到机关事业单位的，转入地社会保险经办机构按以下方式办理：

（一）未参加企业年金制度的企业转出，转入的机关事业单位和原机关事业单位在同一省（自治区、直辖市）内的，转入地机关事业单位社会保险经办机构将参保人员保留账户恢复为正常缴费账户，按规定继续管理运营。

（二）未参加企业年金制度的企业转出，转入的机关事业单位和原机关事业单位不在同一省（自治区、直辖市）内的，参保人员的职业年金保留账户按照制度内跨省转移接续流程（本规程第十四条）办理。

（三）建立企业年金制度的企业转出，按照从企业流动到机关事业单位的企业年金转移接续流程（本规程第十六条）办理。

第十九条　参保人员再次从机关事业单位流动到企业的，不再重复补记职业年金。参保人员再次从企业流动到机关事业单位的，在机关事业单位养老保险制度内退休时，待遇领取地社会保险经办机构将补记职业年金本金及投资收益划转到机关事业单位基本养老保险统筹基金。

第二十条　参保人员达到待遇领取条件时，存在建立多个职业年金关系的，应由待遇领取地社会保险经办机构通知其他建立职业年金关系的社会保险经办机构，按照本规程第十四条规定将职业年金关系归集至待遇领取地社会保险经办机构。

第二十一条　参保人员从企业流动到机关事业单位的，原在企业建立的企业年金按规定转移接续并继续管理运营。参保人员在机关事业单位养老保险制度内退休时，过渡期内，企业年金累计储存额不计入新老办法标准对比范围，企业年金累计储存额除以计发月数，按月领取；过渡期之后，将职业年金、企业年金累计储存额合并计算，按照国办发〔2015〕18 号文件计发职业年金待遇。

第二十二条　改革前参加地方原有试点、改革后纳入机关事业单位基本养老保险的人员，改革前的个人缴费本息划入本人职业年金个人账户管理。

第四章　其他情形处理

第二十三条　参保人员转移接续基本养老保险关系前本人欠

缴基本养老保险费的，由本人向原基本养老保险关系所在地补缴个人欠费后再办理基本养老保险关系转移接续手续，同时原参保所在地社会保险经办机构负责转出包括参保人员原欠缴年份的单位缴费部分；本人不补缴个人欠费的，社会保险经办机构也应及时办理基本养老保险关系和基金转出的各项手续，其欠缴基本养老保险费的时间不计算缴费年限，个人欠费的时间不转移基金，之后不再办理补缴欠费。

第二十四条 参保人员同时存续基本养老保险关系或重复缴纳基本养老保险费的，转入地社会保险经办机构应按“先转后清”的原则，在参保人员确认保留相应时段缴费并提供退款账号后，办理基本养老保险关系清理和个人账户储存额退还手续。

第二十五条 转入地社会保险经办机构发现《养老保险信息表》转移金额等信息有误的，应通过全国基本养老保险关系转移接续系统或书面材料告知转出地社会保险经办机构。由转出地社会保险经办机构补充完善相关资料后，转入地社会保险经办机构办理相关转移接续手续。

第二十六条 社会保险经办机构在办理养老保险关系转移接续时，对资料不全或不符合规定的，应一次性告知需要补充和更正的资料或不予受理的理由。

第二十七条 转出地社会保险经办机构对参保人员转移接续的有关信息应保留备份。

第五章　附　则

第二十八条 本规程由人力资源社会保障部负责解释。

附件：（略）

1. 养老保险参保缴费凭证

2. 养老保险关系转移接续申请表

3. 基本养老保险关系转移接续联系函

4. 基本养老保险关系转移接续信息表

5. 基本养老保险信息表附表

6. 机关事业单位辞职辞退等人员基本养老保险关系转移申请表

7. 职业年金补记申请表

8. 职业年金个人账户记实、补记通知

9. 职业年金（企业年金）关系转移接续联系函

10. 职业年金（企业年金）关系转移接续信息表